Friedrich Maximilian von Mandelsloh (I)

Erinnerungen

1803 - 1812

Beiträge zur sächsischen Militärgeschichte zwischen 1793 und 1815

Heft 69

Abb. 1 Wappen derer von Mandelsloh in der Form von 1440 und später (Bestand 12 731 Nr. 2)

Friedrich Maximilian von Mandelsloh (I)

Erinnerungen 1803 - 1812

Bibliographische Information der Deutschen Bibliothek

Die Deutsche Bibliothek verzeichnet diese Publikation in der Deutschen Nationalbibliographie; detaillierte bibliographische Daten sind im Internet über http://dnb.ddb.-de abrufbar.

Die Deutsche Bibliothek – CIP – Einheitsaufnahme

Jörg Titze (Hrsg.)

Friedrich Maximilian von Mandelsloh (I) - Erinnerungen 1803 - 1812

ISBN 978-3-7543-1533-0

Herstellung und Verlag:

BoD - Books on Demand, Norderstedt

Einleitung

Im Vorwort aus dem Jahr 1850 zu seinen Erinnerungen schreibt Herr von Mandelsloh:

„Hindernd tritt jedoch meinem Vorhaben der Mangel eines guten Gedächtnisses entgegen, der leider, was die früheren Jahre betrifft durch keinerlei Notizen, Tagebücher oder andere Papiere ersetzt wird, da selbst die wenigen, die vorhanden waren, mit meinen übrigen Effekten während der Kriegsjahre verloren gegangen sind. Erst seit dem Jahre 1814 finden sich einzelne, zum Teil dürftige Notizen, die nur vom Jahre 1824 an mitunter etwas reichhaltiger werden, aber dennoch große Lücken lassen. Vom Jahre 1816 an sind einige der empfangenen Briefe vorhanden ... wiewohl im Ganzen meine Korrespondenz nie sehr ausgebreitet war. ... Am meisten beklage ich, dass gerade aus den bewegtesten Jahren meines Lebens, von 1806 bis 1816, fast gar nichts vorhanden ist, woran sich meine Erinnerungen anknüpfen könnten...

Wem also diese Blätter in die Hände fallen sollten, der erwarte nicht in denselben allgemein interessante Tatsachen oder selbst Schilderungen von nur persönlichen Erlebnissen zu finden, die durch Eigentümlichkeit an sich oder durch ihre Darstellungsweise irgend einen Reiz bieten könnten. Ich schreibe eben nur zu meiner Zerstreuung und während ich mich in Erinnerungen ergehe, die nur für mich Wert haben können, indem sie mich in früher verlebte gute oder böse Tage zurückführen, vergesse ich, was die Gegenwart mir Trübes bietet.“

Am 05.12.1790 wurde Friedrich Maximilian von Mandelsloh in Dresden geboren, wo er auch am 06.01.1871 als pensionierter Generalmajor verstarb. Seine Eltern, die 1790 ehelichten und 1801 geschieden wurden, waren der Leutnant Friedrich Wilhelm von Mandelsloh und Fräulein von Kühn, Tochter des Rittergutsbesitzers von Kühn auf Grüningen bei Weißensee. Nach der Scheidung heiratete diese 1802 den bei der Garde stehenden Hauptmann von Bose. Mandelsloh selbst war verehelicht mit Mathilde Gräfin von Rüdiger (* 23.09.1804 Dresden, † 14.06.1872 Dresden). Das Ehepaar hatte 2 Kinder, Gabriele (* 1824) und Natalie (* 1829) von Mandelsloh.

Mandelsloh trat 1803 ins Adlige Kadettenkorps, wurde am 01.08.1805 Korporal/aggregierter Fahnjunker im Regiment Prinz Clemens Infanterie, 27.05.1807 Fähndrich, 06.04.1809 Sousleutnant, 14.11.1811 Premierleutnant, 14.06.1818 Hauptmann, 03.05.1830 Major, 26.11.1836 Generaladjutant und Oberstleutnant, 23.04.1838 Oberst, 14.12.1842 Generalmajor, pensioniert am 10.12.1846 nach einer Dienstzeit von 41 Jahren und 1 Monat.

Mandelsloh wurde am 12.10.1813 zum Ritter der französischen Ehrenlegion (Nr. 41 472) ernannt.

Insofern Sie Anmerkungen, Ergänzungen oder sonstige Informationen zu Herrn von Mandelsloh aus dieser Zeit haben, so können Sie gern unter

sachsen-titze@t-online.de

Kontakt zu mir aufnehmen.

Eilenburg im Juni 2021

Ihr

Jörg Titze

Die Kadettenjahre

Mit dem April 1803 kam endlich die Zeit, wo ich gänzlich in das Kadettenkorps eintrat und den lang ersehnten roten Rock anzog. General Christiani, der damalige Kommandant des Korps, hatte dasselbe gegen früher bedeutend umgestaltet und besonders in wissenschaftlicher Rücksicht große Verbesserungen vorgenommen, aber dennoch ließ die Anstalt noch vieles zu wünschen übrig, was freilich bei den Ansichten der damaligen Zeit weniger fühlbar war als es jetzt erscheint. Das Korps wurde als eine Kompanie Soldaten betrachtet und die Zöglinge auch ziemlich demgemäß behandelt. Wer nicht gegen die militärische Disziplin verstieß, in seinem Anzug nicht von den bestehenden Vorschriften abwich und diesen, wie seine Waffen, immer in reinlichsten Zustand hatte, war ein vorzüglicher Soldat und durfte nur einigermaßen den vorgetragenen wissenschaftlichen Gegenständen seine Aufmerksamkeit zuwenden, um sicher zu sein nach seiner Anciennität zum Offizier vorzurücken. Die Disziplin war ganz militärisch, Arrest in verschiedenen Graden und Fuchtel mit der Degenklinge waren die Strafen, denen die Kadetts unterworfen waren. Den strengen Arreststrafen bin ich glücklich entgangen und nur ein einziges Mal weiß ich mich zu entsinnen, dass ich beim Exerzieren wegen einer Unaufmerksamkeit vom damaligen Leutnant v.Poncet mit einem Jagdhieb regaliert wurde, der indes vom Patronentaschenriemen abprallte, ohne dass er mir sehr fühlbar war.

Außer den Kommandanten des Korps war noch ein Unterkommandant vorhanden, Major oder Oberstleutnant v.Hartitzsch, ein pedantischer unwissender Mann, der zu allem andern eher als zu einem Jugenderzieher taugen mochte und auch bei den Kadetts nicht die geringste

Achtung besaß. Vier Offiziere, bei meinem Eintritt ins Korps Hauptmann v.Vitzthum, Premierleutnant v.Ehrenstein und die Sousleutnants v.Tettau und v.poncet, führten die Disziplinar-Aufsicht über die Kadetts, deren nächste Vorgesetzte ein Gefreiten-Korporal, welcher den Feldwebeldienst verrichtete und zehn Korporals waren, welche aus den Kadetts ausgewählt wurden und später in die Armee als Sousleutnants, der Gefreiten-Korporal sogar als Premierleutnant, eintraten, dafür aber auch freilich länger im Kadettenkorps verweilen mussten. Die Uniform des Korps war scharlachroter Rock mit weißen Rabatten und Aufschlägen, weißer Weste mit langen Schößen, weiße Beinkleider und weiße bis über das Knie reichende Leinwand-Gamaschen. Ein kleiner dreieckiger Hut mit silberner Tresse, der bei den Offiziers und Unteroffiziers mit einer weißen Feder ausgelegt war, vollendete den Paradeanzug, zu dem noch ein Degen mit silbernem Gefäß und Patronentasche mit silbernem Schild gehörten. Zum gewöhnlichen Anzug wurde ein krapproter Rock getragen, rote Weste, weiße Beinkleider und statt der Gamaschen Strümpfe und Schuhe mit großen Schnallen und Hut ohne Tresse. Eine besondere Sorgfalt wurde der Frisur zugewandt, welche außer den dick gepuderten Zopf aus zwei steifen Locken bestand, welche horizontal über der Mitte des Ohres lagen, während das obere Haar zu einer so genannten Vergette ganz kurz abgeschnitten und dick mit Pomade und Puder bedeckt war. Diese Frisur war für uns keine geringe Qual, denn früh, wenn wir gern noch geschlafen hätten, jagte uns der Friseur aus dem Bette und bei Paraden, wo wegen der sorgsamen Frisur schon um Mitternacht damit begonnen wurde, durften wir uns garnicht zu Bette legen. Wie wenig übrigens bei einer solchen Frisur die Reinlichkeit beobachtet werden konnte lässt sich denken und es wird nicht Verwunderung erregen wenn ich sage, dass wenigstens wir Jüngeren mit Ungeziefer reichlich versehen waren.

Auf jeder Linie oder Etage der beiden Flügel das Hauses lag ein Korporal mit der seiner Aufsicht untergebenen Korporalschaft, von der die Kadetts zu Zweien in den kleinen Zimmern verteilt waren. Ich kam bei meinem Eintritt in das Haus zu der Korporalschaft des Korporal v.Loeben und mit ihm in das selbe Zimmer, wo mir dann sofort die Dienste zufielen, die von den Jüngeren gefordert wurden. Dies waren außer Besorgung von Aufträgen für den Stubenältesten im Hause selbst, das Putzen der Schuhe und Reinigen der Kleider für denselben, was wegen der weißen Beinkleider, die mit Kreide sorgfältig geputzt werden mussten, keine Kleinigkeit war und viel Arbeit verursachte. Eine Zeit lang ließ ich mich auch dazu willig finden und putzte nach Kräften alles schön und blank für den Herrn Korporal, doch als er, ich weiß nicht mehr bei welcher Gelegenheit, mehr von mir forderte, als ich glaubte leisten zu müssen, wurde ich störrig und versagte alle und jede derartige Dienste, was mir zwar von Seiten des Korporals eine strengere Aufsicht zuzog und meine Freiheit einigermaßen beschränkte, aber nichts desto weniger von mir konsequent durchgeführt wurde, so lange ich bei ihm auf der Stube lag.

Täglich zog 1 Korporal und 10 Kadetts auf Wache, welche außer den Lehrstunden von Mittags 12 Uhr bis Abends 10 Uhr, Sonntags aber von früh 8 Uhr an stehen blieben und Schildwachen versorgten. So langweilig auch das Schildwache stehen war, besonders im Winter in den Abendstunden, so kam ich mir doch sehr wichtig dabei vor und tat häufig und gern Lohnwachen für andere, wo dann der Zwanzigkreuzer den eine solche Lohnwache eintrug dazu diente, nur irgend ein gutes Gericht von dem Hausmann zu verschaffen, in dessen Küche immer dergleichen zu haben war. Dies war um so erfreulicher, da unsere Kost nichts weniger als vorzüglich war, die uns in zwei Speisehäusern in Neustadt vorgesetzt wurde, wohin wir Mittags 12 Uhr und Abends 6 Uhr gingen. Für Frühstück musste ein jeder selbst sorgen und gewöhnlich bestand dieses in einem Dreierbrot, wenn die Mittel es erlaubten mit Butter geschmiert sonst aber trocken oder auch im Winter in einer Brotsuppe, die wir uns im Ofen kochten.

Unsere Zeit außer den Lehrstunden, die bis Nachmittags 5 Uhr dauerten, brachten wir auf unsern Stuben zu, wo die näher Bekannten und Befreundeten zusammenkamen. Wir konnten selbst das Haus verlassen, nur durften wir die Festungstore der Neustadt und die Brücke nicht überschreiten. Hierzu war besonderer Urlaub nötig und wir erhielten dann zu unserer Legitimation blecherne Zeichen, welche den Wachkommandanten vorgezeigt werden mussten. Abends 9 Uhr, wo der diensthabende Korporal zum ersten Male visitierte, musste jeder in seiner Stube sein und um 10 Uhr, wo zum zweiten Mal visitiert wurde, durfte kein Licht mehr brennen.

Mein Stiefvater Bose hatte in Zschachwitz ein Bauerngut mit einem hübschen Wohnhaus gekauft, wo meine Mutter die Sommermonate zubrachte. Regelmäßig jeden Sonntag ging ich hinaus, zuweilen in Begleitung eines guten Freundes und wenn die Kasse in guten Umständen war, so mieteten wir auch wohl einen Einspänner, um die zwei Stunden Entfernung von Dresden bequemer zurückzulegen. Eines Tages waren ô Byrn, Fritz Rockenthien, der mittlerweile auch in das Kadettenkorps eingetreten war und ich in einem solchen Einspänner nach Zschachwitz und wollten der Veränderung halber den Rückweg auf der Pillnitzer Straße nehmen. Nicht weit von der Fähre sahen wir den Zug der herrschaftlichen Wagen, die aus Dresden nach Pillnitz zurückkehrten, uns entgegenkommen und wussten nun nicht in kindlicher Angst was wir beginnen sollten. Ô Byrn, dessen Schwester Kammerdienerin bei der Kurfürstin war und der deshalb von den Herrschaften gekannt war, sprang von dem Wagen herab und versteckte sich im nahen Busche, ein Beispiel dem ich folgte, so dass der arme Rockenthien, der gleich uns vom Wagen herabsteigen war sich genötigt sah, unsern unruhigen Gaul zu halten und den ganzen Zug an sich vorüber gehen zu lassen, dessen Aufmerksamkeit er natürlich in hohem Grade erregte. In großer Sorge, welche Folgen dieses Abenteuer für uns haben würde, kehrten wir nach Hause zurück, aber glücklicherweise hatte keine weiteren.

Durch ô Byrn war ich mit dem jüngsten Sohn des Oberst Dressler von der Garde bekannt geworden, welcher obschon älter als wir noch keinen Stand ergriffen hatte und im Hause seiner Eltern lebte. Er war ein exzentrischer Kopf, der damals schon Ritterromane schrieb, die aber wahrscheinlich nicht zum Druck gekommen sind und für das Theater schwärmte, das er sehr häufig besuchte. Er hatte das Talent, die vorzüglichsten Schauspieler der damalige Seroudaschen Truppe in Sprache und Aktion auf das täuschendste nachahmen zu können, womit er uns häufig belustigte. Wir drei gingen oft zusammen in die Dresdner Heide, wo unser Tummelplatz in der Nähe des Mordgrundes war. Hier stellten wir gewöhnlich Szenen aus unseren Lieblingsschauspielen dar, die wir sorgfältig auswendig gelernt hatten. Besonders waren es Szenen aus der Jungfrau von Orleans, Macbeth und Johanna von Montfaucon, denen unsere Neigung zugewendet war und die wir mit einem Eifer darstellten, als gelte es, vor einem großen Publikum zu agieren. Vorzüglich wiederholten wir oft solche Szenen, wo einer erstochen wurde oder sonst starb, wobei der Akteur seine Kunst im Niederfallen zeigen konnte und dem der Beifall der beiden anderen gewiss war. Diese Spiele ergötzten uns sehr und wir wiederholten sie so oft wir nur konnten, ja wir hatten uns sogar im Walde eine Hüte von Zweigen erbaut, die uns dazu diente allerhand kleine Gerätschaften, wie hölzerne Dolche u. dergl., denen wir bei unsern theatralischen Vorstellungen bedurften, darin aufzubewahren und wiederzufinden. Dreßler trat später als Fahnjunker bei der Garde ein, avancierte bis zum Hauptmann, worauf er dann, wenn ich nicht irre schon Anfang der 20er Jahre, den Abschied nehmen musste, weil er sich dem Trunk ergeben hatte und schließlich ist er untergegangen.

Die Monate Juni und Dezember waren die Urlaubsmonate, bis zu denen die Tage gezählt wurden und nur wer durchaus nicht wusste, wo er die Urlaubszeit zubringen konnte, blieb im Hause zurück. Den Sommer brachte ich in Zschachwitz bei meiner Mutter zu, den Urlaub des Winters jedoch in Thüringen, wo ich mich dann größtenteils in Grüningen aufhielt und nur auf wenige Tage nach Langensalza ging, um meinen Vater zu besuchen. Wegen der Entfernung von der Heimat traten die Thüringer ihren Urlaub um 14 Tage früher an, als die Übrigen. Die Zeit zur Abreise nahte im Winter des Jahres 1803 und die unerläßlich notwendige Legitimation für Rockenthien und mich sowie die eben so notwendigen Reisegelder blieben aus. Wollten wir nicht die übrigen Thüringer ohne uns abreisen sehen, so musste Rat geschafft werden. Die Legitimation war leicht geschafft. Ich schrieb sie selbst, indem ich mich bemühte nach früheren Briefen an

Rockenthien von seinem Vater dessen Schriftzüge nach-
zuahmen. Die Legitimation ward für gültig angenommen
und der Urlaub erteilt, aber immer noch blieben die Gel-
der aus und ohne die Mittel war die Reise nicht zu beginnen. Ich weiß nicht warum wir uns nicht in dieser Verle-
genheit an meine Mutter wandten, was das natürlichste
gewesen wäre, vielleicht war sie auch nicht in Dresden
gegenwärtig. Genug, ich klopfte an mehreren Türen an,
ward an den ersten abgewiesen und mit Mühe gelang es
mir endlich, einen alten französischen Abbé, der Lehrer
im Kadettenhaus war, mir eine kleine Summe vorzustre-
cken, deren Höhe ich nicht mehr weiß, die aber höchst
ungenügend war zu einer Reise von 30 Meilen für zwei
Personen. Große Hüte, eng anliegende Stiefeln, so genannte Zieschen, beides sehr verpönte Kleidungstücke,
waren besorgt, die Uniformen durch den Schneider, wie
wir uns ausdrückten, in eine pfiffige Form gebracht, die
Frisur durch Entfernung der Locken modernisiert und so
bestiegen wir denn mit dem bestimmten Urlaubstage
wohlgemut die gelbe Kutsche, welche damals in 30 - 36
Stunden von Dresden nach Leipzig schlich, ohne uns groß
Sorgen zu machen, ob unsere Mittel auch für die Reise
ausreichen würden. Die gänzliche Unzulänglichkeit desselben bemerkten wir nicht sogleich, da damals das
Postgeld und Trinkgeld für die Postillions auf jeder ein-
zelnen Station bezahlt wurde, aber je näher wir Leipzig
kamen, um so größer wurde die Ebbe in unserm Beutel
und kaum reichte die Barschaft hin, um das Postgeld auf
der letzten Station zu bezahlen. In Leipzig mussten wir
übernachten, weil die Post von da nach Thüringen erst
den andern Tag abging und nahmen hier unser Quartier
bei der Frau eines Postschaffners, an welche wir durch
den Schaffner unserer gelben Kutsche, so genannt weil
sie mit einer Decke von gelben Tuch versehen war, emp-

fohlen wurden. Hier ließen wir uns nichts abgehen und schliefen prächtig und ohne Sorgen, unbekümmert um die Fortsetzung unserer Reise. Da der Postwagen, mit dem wir abreisen wollten, erst Mittag abging, machten wir nach eingenommenen Kaffee einen Spaziergang durch die Straßen Leipzigs und hielten Rat, was nun zu tun sei, da wir außer Stand waren, unsere Zeche zu bezahlen und eben so wenig das Postgeld bis nach Schafstedt, wo wir hofften meinen Onkel, Hans Kühn, anzutreffen, der dort in Garnison stand und dass er uns dann schon weiter helfen würde. Unsere Lage war kritisch; da fiel mir plötzlich ein, dass Rockenthien im Besitz einer alten, tombacknen Uhr sei und auf diese begründeten wir dann unser weiteres Fortkommen. Eilig kehrten wir zu unserer Frau Wirtin zurück, machten diese zur Vertrauten unserer Lage und nach einigen Widerstreben ließ dieselbe sich auch willig finden, gegen Zurücklassung der Uhr und das bestimmte Versprechen bei der Rückreise sie wieder einzulösen, uns nicht nur die Zeche zu kreditieren sondern auch so viel bares Geld vorzuschießen, als wir zur Reise bis nach Schafstedt an Postgeld bedurften. Voller Hoffnung, in Schafstedt das Ende unserer Bedrängnis zu finden, bestiegen wir nun den Postwagen, ein ordinärer, unbedeckter Leiterwagen, auf den zwischen den Poststücken ein Sitz für die Passagiere angebracht war und langten trotz der nur ohngefähr 8 Meilen betragenden Entfernung bei dem abscheulichsten Wetter und Weg erst nach Mitternacht, durchnässt und erfroren, hungrig und durstig, in Schafstedt an. Glücklicherweise war mein Onkel in Schafstedt gegenwärtig, nicht wenig erstaunt, von uns aus dem Schlafe geweckt zu werden, nahm er uns jedoch freudig auf und erquickte uns mir Speis und Trank, so viel seine Junggesellenwirtschaft darbot und versprach uns selbst nach Grüningen zu bringen. Wir blieben deshalb den andern Tag bei ihm, wo er sich Urlaub nahm und setzten am nächstfolgenden Tag mit ihm in seinem eigenen leichten Korbwägelchen unsre Reise nach Grüningen fort. So beendeten wir denn glücklich unsre leichtsinnig begonnene Reise, was aber geschehen wäre, wenn Kuhn nicht in Schafstedt anwesend war, das mag der Himmel wissen. Das wir übrigens bei unsrer Rückreise wieder bei der Helferin in der Not in Leipzig einkehrten und mit vielen Dank die versetzte Uhr wieder einlösten, versteht sich von selbst.

Für mich hatte dieser Urlaub noch sehr betrübte Folgen. Ich hatte nämlich, um nach meiner Meinung recht elegant zu erscheinen, die Locken abgeschnitten und den Zopf etwas verkürzt, was ich bei meiner Rückkehr durch Anheften von falschen Locken und einer Einlage im Zopf zu verbergen suchte. Dies gelang mir auch glücklich bis zu einer Spezial-Revue, die vom Oberstleutnant v.Hartitzsch abgehalten wurde, bei welcher denn der begangene Frevel an den Tag kam und mir zu dessen Büßung so lange Hausarrest auferlegt wurde, bis Locken und Zopf wieder in vorschriftsmäßigen Zustand waren.

Wes Geistes Kind dieser zur Erziehung junge Leute berufene Oberstleutnant von Hartitzsch war, zeigt sich an einem lächerlichen Ereignis, das bei derselben Revue sich begab, die mir soviel Unheil gebracht hatte. In derselben Korporalschaft wie ich befand sich ein Kadett von Bechtholdsheim, der schwächlich und über alle Maßen mager, so dass an seinen alles Fleisches entbehrenden Beinen die Gamaschen ohnmöglich sitzen konnten und daher natürlich nicht ohne Falten waren, was von dem Oberstleutnant sehr mißfällig wahrgenommen wurde. Auf die entschuldigende Äußerung des Korporals von Gößnitz, das Bechtholdsheim nun einmal kein Gamaschenbein habe, erwiderte der Oberstleutnant, dass dies keine Entschuldigung wäre und diktierte so lange Hausarrest, bis Bechtholdsheim ein Gamaschenbein haben würde. Ob dieser Urteilsspruch ausgeführt wurde, weiß ich nicht, ich aber musste den mir zugesprochenen Hausarrest wenigstens zum Teil büßen, denn beim Tode des Kommandanten General v.Christiani, welcher Ende März oder Anfang April 1804 stattfand, benutzte ich die allgemeine Bestürzung und meldete mich kecker Weise um Urlaub zum Ausgehen, worauf die ganze Angelegenheit in Vergessenheit kam.

In diesem Jahr oder vielleicht auch in dem ersten meiner Kadettenjahre wäre beinahe mein Lebensfaden gewaltsam zerrissen worden, denn ich kam beim Baden in der Elbe in die größte Gefahr zu ertrinken. Mit ô Byrn und Rockenthien war ich in der Gegend des Ostrageheges zu einer Zeit baden gegangen, wo die Elbe aus ihrem gewöhnlichen Ufer ausgetreten war. Ich hatte mich zu weit in das Wasser gewagt, kam an eine abschüssige Stelle, rutschte aus und wurde vom Strome fortgerissen. Mit Mühe erhielt ich mich eine zeitlang über dem Wasser, doch von der großen Anstrengung bald erschöpft sank ich unter und überließ mich nun den Wellen, überzeugt dass ich unrettbar verloren sei. Mein letzter Gedanke, ehe ich das Bewusstsein verlor, war, wie ich mich ich ganz deutlich erinnere, dass man an der Frisur den Kadett erkennen würde, sobald man meinen Leichnam würde aufgefunden haben. Meine Gefährten waren schreiend am Ufer hin und her gelaufen und hatten nach Hilfe gerufen, die jedoch von dem gegenüber liegenden Naudorf zu spät gekommen sein würde, wenn nicht ein anderer Badegenosse von uns, Fahnjunker v.Müller von der Garde (derselbe, wenn ich nicht irre, welcher jetzt der Besitzer des Grundstücks an der Mordgrundbrücke ist, sich mit einer geborenen Käß aus Leipzig verheiratet und dessen Söhne bei der Kavallerie stehen), mir Schritt vor Schritt am Ufer gefolgt wäre. Mit Geistesgegenwart den Augenblick wahrnehmend, wo der Strom mich einmal dem Ufer näherte, sprang er in das Wasser und mit der einen Hand sich an einen Strauch festhaltend, erfasste er mich mit der andern und zog mich glücklich ans Ufer. Als mein Bewusstsein zurückkehrte, fand ich mich unter den Händen herbeigekommener Männer, die mich auf den Kopf gestellt hatten, einer Prozedur, der ich mich mit allen mir zu Gebote stehenden Kräften zu entwinden suchte, worauf ich mich dann einige Male brach und außer einer großen Mattigkeit keine weiteren Beschwerden fühlte. Nach einiger Ruhe war ich wieder gestärkt genug, mich ankleiden und nach Hause gehen zu können, wo ein tüchtiges Abendbrot mir ganz vorzüglich schmeckte und wir uns wohl hüteten, von unsern Abenteuer zu sprechen.

Nach jedesmaliger Urlaubszeit erfolgte ein Wechsel in der Belegung der Stuben und nachdem ich in mehreren Stuben gelegen hatte, kam ich schließlich zu Anfang des Jahres 1805 mit einem Kadett von Bourck zusammen auf dieselbe Stube der, wiewohl mit mir in derselben Division, doch um mehrere Jahre älter war als ich und als liederliches Subjekt etwas verrufen war. Er blieb später bei der Belagerung von Danzig als Offizier beim Regiment Sänger. Die wenig gute Meinung, die man von ihm hegte, war nicht ohne Grund und leider blieb auch sein Beispiel nicht ohne Einwirkung auf mich. Namentlich lehrte er mir Karten spielen und häufig wurde mit Gleichgesinnten auf unserer Stube bei verschlossenen Türen gespielt. So erinnere ich mich, dass einst eine solche Gesellschaft des

Abends spät noch bei uns versammelt war und Tabak rauchte und spielte, als wir plötzlich durch das Geräusch eines Hauptschlüssels im Türschloss aus unserer Ruhe aufgeschreckt wurden und unmittelbar daraufhin Hauptmann v.Vitzthum mit sehr ernster Miene eintreten sahen. Karten und Pfeifen waren schnell verschwunden, aber der verräterische Tabakrauch und die verschlossene Türe sowie unser böses Gewissen, ließ uns auf die Frage des Hauptmanns, was wir hier machten, verstummen. Kurze Zeit zuvor war ich von Urlaub aus Thüringen zurückgekehrt und hatte neben andern Lebensmitteln auch eine Flasche Möhrensaft mitgebracht. Dieses fiel mir in jenem kritischen Momente ein und auf ihre Hilfe bauend unternahm ich es, da alle Übrigen stumm blieben, das uns drohende Ungewitter abzuwenden. Mit Keckheit trat ich hervor, sagte zum Hauptmann er möge verzeihen, dass wir uns eingeschlossen hätten, doch wäre dies nur eine Vorsichtsmaßregel gewesen, um weitere Besuche abzuwenden, da ich den hier versammelten Freunden von meinem aus Thüringen mitgebrachten Möhrensaft zu kosten gegeben und befürchtet hätte, dass wenn mehrere kämen, mein geringer Vorrat zu sehr in Anspruch genommen werden dürfte. Zugleich sprang ich nach dem Schranke, holte die Flasche daraus hervor und von ihrem Inhalt in eine Tasse gießend bat ich den Hauptmann, ob er nicht selbst versuchen wolle, wie köstlich dieser Saft wäre. Der Hauptmann hatte anfänglich etwas misstrauisch meinen Worten zugehört, nahm aber die dargereichte Tasse an, kostete, fand den Saft vortrefflich und die geleerte Tasse zurückgebend entfernte er sich, ohne weiter etwas zu sagen als dass wir künftig in ähnlichen Fällen die Tür unverschlossen lassen möchten. Uns aber ward das Herz leicht, denn Tabak und Karten waren Dinge, die bei schwerer Strafe verpönt waren.

Dieser Hauptmann Vitzthum war eines von den Origina-
len, deren es damals im Kadettenhause mehrere gab, zu
deren lebenstreuen Schilderung aber eine geübtere Feder als die meinige gehört. Vitzthum war ein großer, in
seiner Haltung steifer Mann, gemessen in allen seinen
Bewegungen und einsilbig bis zum Übermaß. Die Kadetts
redete er nur in der ersten Person des Plural an und wer
von ihnen beim Exerzieren recht derb in das Gewehr
griff, fest auftrat und Gewehr und Patronentasche recht
blank putzte, war ihm der beste und fähigste Kadett.
„Keinen Urlaub, nächtens Hiebe" war die gemütliche
Antwort, welche er häufig zu erteilen pflegte, wenn man
um den gewöhnlichen Sonntagsurlaub sich bei ihm be-
warb und durch irgend einen Fehler im Anzug oder sonst
sein Missfallen auf sich gezogen hatte. In seinem Zimmer
traf man ihn stets mit dem Hut auf dem Kopf und den
Degen an der Seite. Ein anderes Original, das mir noch
lebhaft im Andenken ist, war der zweite Lehrer der Mathematik, Premierleutnant Rau. Nicht groß und etwas
korpulent, war er in seinem Anzug schmutzig wie in seinen Reden. Bei seinen Vorträgen machte er fortwährend
Späße, die stereotyp geworden waren, aber auch die Kadetts ließen es nicht daran fehlen, mit ihm allerlei Späße
zu treiben. Gern nahm er es von den Kadetts an, wenn
diese ihr Frühstück mit ihm teilten, wo er dann zu sagen
pflegte: „Ich nehm's, ich freß's, aber ich melde sie doch".
Eine höchst komische Figur war der eine der beiden
Tanzmeister, Matzner, ein kleines, altes Männchen mit
seiner Frisur à la pigeon und der kleinen Geige in der
Hand. In seinen Stunden konnte er selten Ruhe und Ordnung erhalten, wo er dann wütend fortlief, um den Offizier vom Dienst zu seiner Hilfe herbeizuholen, gewöhnlich aber auf halbem Wege wieder umkehrte ohne seine

Drohung auszuführen, was wir dann auch sehr wohl wussten und seinen Zorn nur wenig beachteten.

Nach dem Tode Christiani's und einem kurzen Interregnum unter den schon genannten Oberstleutnant von Hartitzsch, den wir wegen seines aufgedunsenen, roten Gesichts und seiner sonstigen Eigenschaften nur den roten Ochsen nannten, übernahm Oberst von Emmerich das Kommando des Korps und bezog mit Familie die für den Kommandanten bestimmten Räume des Hauses, welche Christiani nicht bewohnt hatte. Durch seine Milde und sein freundliches Wesen, erwarb es sich schnell unsere Neigung.

Aus Mangel an Aufmunterung, die mir von keiner Seite zu teil wurde und durch üble Beispiele fortgerissen, ließ ich mich gehen, so dass ich nach und nach in den Ruf eines störrischen und unordentlichen Menschen kam, der eine strengere Aufsicht bedürfe, weshalb ich im Frühjahr 1805 zu den Gefreiten-Korporal v.Hausen (nachmals als Generalmajor in Dresden verstorben) gelegt wurde. Dieser fand die rechte Weise mich zu behandeln, indem er mir Vertrauen zeigte, was zur Folge hatte, dass ich in meinen Sachen ordentlich wurde und mich auch bestrebte, mehr Fleiß als zeither auf die Gegenstände zu wenden. Nie gab ich ihm Gelegenheit zu Verweisen und ich bin überzeugt, dass wenn ich länger unter seiner Leitung geblieben wäre, ich mich nicht nur völlig gebessert sondern auch Fortschritte in den Wissenschaften gemacht haben würde. In diese Zeit, d.h. zu Anfang des Jahres 1805, fiel meine Konfirmation, zu der ich ohne besondere Vorbereitung oder wenigstens ohne die benutzt zu haben, zugelassen wurde. Ich entsinne mich, dass ich bei der Prüfung, welche durch unsern Religionslehrer, Magister Kell, damaliger Prediger an der Neustädter Kirche und ein sehr würdiger Mann, stattfand, auch auf die leichtesten an mich gerichteten Fragen die Antwort schuldig blieb, aber nichts desto weniger wurde ich für hinlänglich unterrichtet anerkannt und zum heiligen Abendmahl zugelassen. Mit meinen übrigen Kenntnissen war es nicht viel besser bestellt, obgleich ich in der Geographie einmal eine Prämie erhalten hatte und vielleicht nur in der Mathematik war ich nicht ganz unwissend. Keinesfalls hatte ich aber so viel gelernt als wozu die Gelegenheit mir geboten war, aber auch nur die Gelegenheit, denn an einer Einwirkung von Außen, um den Fleiß der Zöglinge zu erwecken, fehlte es gänzlich und wer sich selbst nicht antrieb blieb eben unwissend, sicher jedoch nach seiner Tour zum Offizier vorzurücken, wenn er nur das Gewöhnlichste leistete. In den gymnastischen Übungen, Fechten, Tanzen und Voltigieren hatte ich mir gar keine Mühe gegeben und entzog mich ihnen so viel ich nur konnte, weshalb ich denn in diesen Künsten sehr zurück war und es z.B. im Tanzen nicht über die Anfangsgründe der Menuett brachte.

Indes war ich bis in die dritte Division vorgerückt und war eben bei der Untersuchung, welche im Sommer 1805 stattfand, in die zweite Division versetzt worden, als meiner Kadettenlaufbahn plötzlich ein Ziel gesteckt wurde. Mein Vater, welcher zu Anfang Juni mit seinem Regiment wieder nach Dresden in Garnison gekommen war, trat eines Tages im Monat Juli in meine Stube und kündigte mir an, dass er mich als Fahnjunker beim Regiment Clemens platziert habe, dass die Einleitung zu meiner Entlassung vom Kadettenkorps bereits getroffen sei und dass ich ihm folgen solle, um mir das Maß zu meiner künftigen Uniform nehmen zu lassen. Meine Überraschung wie meine Freude waren gleich groß, denn das freie, selbstständige Leben eines Fahnjunkers bei einem Regimente, gegenüber dem Zwange im Kadettenkorps, war von uns Kadetts mit Neid und Sehsucht betrachtet. Freudig folgte ich sogleich meinem Vater, hatte in wenig Tagen meinen Abschied in Händen (datiert 29ter Juli 1805) und verließ das Kadettenkorps voller Freude und Hoffnung, beneidet von allen meinen Freunden.

Mein Eintritt ins Regiment

Mit dem 1sten August 1805 wurde ich in die Listen des Infanterie-Regiments Prinz Clemens aufgenommen und als Korporal und aggregierter Fahnjunker bei Oberst Kompanie eingestellt. Vier kombinierte Musketier-Kompanien und eine Grenadier-Kompanie des Regiments standen seit Anfang Juni für ein Jahr in Dresden in Garnison. Ich blieb ebenfalls daselbst und war bestimmt, abwechselnd mit dem wirklichen Fahnjunker v.Kanne den Dienst zu versehen. Außer dem Bataillon Clemens und der Leib-Grenadier-Garde standen noch von jedem der Regimenter Churfürst und Prinz Xaver ein Bataillon in Garnison, deren Fahnjunker ihren vierzehnjährigen Kameraden mit Freundlichkeit in ihre Gesellschaft aufnahmen, wiewohl sie sämtlich um mehrere Jahre älter waren als ich.

Ich wohnte bei meinem Vater, welcher damals aggr. Hauptmann und Adjutant war, in der äußeren Pirnaischen Gasse, war mir aber gänzlich selbst überlassen, da mein Vater außer den Morgenstunden fast garnicht zu Hause und gewöhnlich erst des Abends spät nach Hause zurückkehrte. Ich benutzte daher auch meine Freiheit weidlich und weis mich nicht zu entsinnen, dass ich wissenschaftlichen Unterricht in dieser Zeit erhalten hätte,

der mir so sehr nötig gewesen wäre. Für meine Bedürfnisse wurde gesorgt und meine Löhnung, die freilich mit
dem Brotgeld sich auf höchstens 3 Taler belief, blieb mir
als Taschengeld. Meine Kompanie, zu der mich der tägliche Dienst rief, lag in der Gegend des Falkenschlages, so
dass ich über zu wenig Bewegung nicht zu klagen hatte,
wozu wir Fahnenjunkers noch öfters Nachmittagsspazier-
gänge fügten, die gewöhnlich auf Reisewitzens unternommen wurden.

Ein großes Ereignis für mich war es, als ich das erste Mal
auf die Wache zog. Die Wachparade fand damals auf
dem Judenhofe statt, wo das auf Wache kommende Bataillon aufmarschierte und die Grenadier-Abteilung er-
wartete, welche die Fahne aus dem Gouvernementsge-
bäude, das jetzige Klinikum, abholte. Sobald die Grenadiers, welche unter Trommelschlag und Pfeifenklang ein-
zogen, in die Linie eingerückt waren, wurde das Gewehr
präsentiert und der Fahnjunker begab sich mit der Fahne
vor die Mitte des Bataillons, zu welchen feierlichen Moment von der Musik Parademarsch geschlagen und ge-
blasen wurde und sämtliche auf der Parade anwesenden
Offiziere den Hut abnahmen. Bei diesem, ungefähr 50
Schritt langen Weg, war mir sehr bänglich, denn ich
glaubte alle Augen auf mich gerichtet, aber ich fühlte
mich auch als eine wichtige Person und die Erinnerung
an meinen ersten militärischen Debüt wird mir immer
lebhaft bleiben. Sobald hierauf die Posten formiert worden waren, begab sich der Fahnjunker vor den ersten
Musketierzug der Hauptwache hinter den Hauptmann
und nun erfolgte der Abmarsch der Parade durch die Au-
gustusstraße, das Georgentor, über den Taschenberg
nach der Hauptwache.

Eine solche Wache in Dresden hatte ihr Eigentümliches und war für den Hauptmann ein teurer Dienst, denn er war gehalten nicht nur den mit auf Wache stehenden Leutnant oder Fähndrich und den Fahnjunker zu beköstigen, sondern auch noch eine Anzahl Personen zu Tische zu laden wie den Platzmajor, Platzadjutanten, Major vom Dienst, Adjutant vom Dienst und andere mehr. Je nach der Gastfreiheit des Hauptmanns waren diese Diners mehr oder minder zahlreich an Gästen, deren oft gegen zwanzig zugegen waren und bei denen es dann munter zuging. Der Dienst des Fahnjunkers war mäßig, denn außer dass er zugegen sein musste, wenn die Wache in Gewehr trat, hatte er nur den Grenadier-Sergeanten beim Eintragen des Wachjournals zu unterstützen und für seine Fahne zu sorgen. Eine eigentümliche Rolle auf dieser Wache spielte die, allen Offizieren damaliger Zeit wohl bekannte Wach-Fritze, Tochter einer Obsthändlerin und gewissermaßen das Faktotum auf der Wache, denn durch langjährige Erfahrung kannte sie den Dienst besser als irgendjemand und wusste in allen Angelegenheiten, welche die Wache betrafen, trefflich Bescheid. Ihr eigentliches Amt war das Reinhalten des Offizierszimmers, doch hatte sie sich aus dieser niederen Funktion, zu ihrer jetzigen emporgeschwungen, wo sie sich unentbehrlich zu machen gewusst hatte und daher auch den ganzen Tag bis spät Abends auf der Wache zubrachte. Besonders nahm sie sich der Fahnjunker an, denen sie von ihren früheren Erlebnissen erzählte und sie in die Geschichte der Ereignisse der Dresdner Wache einweihte.

Der Krieg zwischen Frankreich und Österreich, welcher durch die Schlacht bei Austerlitz beendigt wurde, führte die Aufstellung einer preußisch-sächsischen Armee gegen die böhmische Grenze herbei. Viel preußische Trup-

pen zogen zu dem Ende durch Dresden und unter anderem auch eines Tages das Füsilier-Bataillon Pellet, welches auf dem Schlossplatz vor dem Kurfürsten manövrierte. Dieser sah vom Balkon aus den Manövern zu, unter welchen besonders die in größter Schnelligkeit herge-
stellte Bildung eines achteckigen Karrees, das größte Auf-
sehen damals erregte. (Auch erschien zu dieser Zeit der
Kaiser Alexander von Russland in Dresden, vor dem wir
zwar keine eigentliche Revue hatten, der aber doch, so
viel ich mich entsinne, einmal zu der gewöhnlichen
Wachtparade kam, wo ich ihn sah.) Das Regiment Clemens wurde, wie der größte Teil der sächsischen Truppen, zu der Grenzaufstellung bestimmt und auf den
Kriegsfuß gesetzt verließen wir Dresden gegen Ende des
Monats November, um in das Erzgebirge zu marschieren,
wo sich der in seiner Thüringer Garnison verbliebene Teil
des Regiments mit dem aus Dresden kommenden Bataillon vereinigte. Auf diesem Marsch tat ich als Korporal
Dienst bei der Oberst Kompanie und trug, wenn auch
nicht den Tornister, doch wenigstens das Bandelier mit
Pistole und das Kurzgewehr, eine 4 - 5 Ellen lange Stange
mit einer halbmondartigen Klinge, womit die Unteroffiziers damals bewaffnet waren. Von diesem, übrigens nur
wenige Tage umfasenden Marsch ist mir keine weitere
Erinnerung geblieben, als dass ich eines Tages mit einem
Soldaten der Kompanie, Namens Bischoff, in einem erz-
gebirgischen Dorf bei einem Weber in das Quartier kam.
Dieser Soldat war der Lustigmacher der Kompanie und
hatte das Talent eines vollendeten Bauchredners. So wie
wir in die Stube traten, in welcher die Weberfamilie versammelt war, hing Bischoff seinen Tornister an einen Na-
gel neben die Tür und hierbei ließ eine Stimme aus dem
Innern des Tornisters sich vernehmen, welche schlaftrun-
ken frug: „Papa, sind wir im Quartier?" Entsetzt stürzte

die ganze Weberfamilie zur Tür hinaus, die Nähe des un-
heimlichen Tornisters möglichst vermeidend und nur
schwer gelang es uns späterhin, sie wieder zum Betreten
der Stube zu vermögen.

Das Regiment kam nach Mittweida und Frankenberg zu
stehen und ich, der ich zum wirklichen Fahnjunker auf-
rückte zum Stabe des zweiten Bataillons nach Frankenberg. Der Kommandant des Bataillons war Major Kändler,
ein Original, wie es damals deren viele gab und namentlich unter den älteren Offizieren des Regiments Clemens.
Er hielt viel auf seine Pferde und Windhunde, trug einen
immens langen Zopf und führte eine Mätresse mit sich,
die ihn in Jockeikleidung, die Haare in einen langen Zopf
gebunden, auf einem kleinen Pferd überall folgte. Mein
Vater war Stabskapitän geworden und kommandierte
Oberst Kompanie beim 1sten Bataillon.

Ich erhielt in Frankenberg mein Quartier bei einem Fabri-
kant Böhme, wo ich sehr wohl aufgenommen und gleichsam als zur Familie gehörig betrachtet wurde. Die beiden
erwachsenen Töchter des Hauses lehrten mich in den
langen Winterabenden stricken, wobei ich indes keine
große Geschicklichkeit zeigte, so dass diese Kunst auch
später bald wieder von mir vergessen wurde. Um die
Weihnachtszeit erhielt ich von Dresden aus den Besuch
Rockenthiens, der nebst einem andern Kadett Koppenfels
/: jetzt pensionierter Oberstleutnant :/, dessen Vater
Hauptmann im Regiment war, die Fußpartie in in unser
Kantonement gemacht hatte. Er wurde von meinem Wir-
te freundlich aufgenommen und blieb wohl vierzehn
Tage bei mir, in welcher Zeit ich mit ihm meinen Vater
besuchte, der in einem Dorf in der Nähe von Mittweida
lag.

Nachdem der Preßburger Friede die Aufstellung der preußisch-sächsischen Armee unnötig gemacht hatte, kehrte auch unser Regiment zu Anfang des Jahres 1806 in seine Friedensgarnisonen nach Thüringen zurück. Von dem Marsche dahin weis ich mich außer zweier Ereignisse, die mir gegenwärtig geblieben sind, nichts weiter zu erinnern. Ich hatte aus Dresden einen kleinen Hund, einen Spitz, mitgenommen, den ich Dämchen genannt hatte und sehr liebte. Dieser war trächtig geworden und auf einem der Märsche bei abscheulichstem Wetter und Weg treten bei dem Tierchen die Wehen ein und ich musste in meiner Reihe marschierend es mit ersehen, wie das arme Tier sich auf dem Felde ein Lager zu graben suchte, um zu werfen und dann in der Angst mich zu verlieren, mir immer wieder nacheilte. Endlich nahm ein Offizier des armen Tieres sich an und besorgte aus einem Dorfe einen Träger mit einem Korbe, in welchen das Hündchen gelegt wurde und in denselben unterwegs drei Junge warf. Diese wurden im Nachtquartier, einer Mühle, in das Wasser geworfen, dem Hund Öl eingegeben, den andern Tag setzte er den Marsch mit mir fort, so dass ich ihn glücklich nach Langensalza brachte, wo er später bei einer Fräulein Weiß, welcher ich ihm schenkte, ein sehr gutes Unterkommen erhielt und ziemlich alt geworden ist. Das andere Ereignis, welches mir erinnerlich geblieben ist, ist dass sich das Regiment bei Altenburg versammelte und diese Stadt, trotz des schlechten Wetters, in Parade durchzogen werden sollte. Wir erhielten deshalb den Befehl die Leinwandkittel, mit denen die Soldaten statt der jetzigen Mäntel versehen waren und die leinwandenen Überknöpfhosen, wie sie damals auf dem Marsch getragen wurden, abzulegen, was bei vielen und namentlich bei mir nicht ohne Beschwerde auszuführen war, da die vorschriftsmäßigen weißen Tuchbeinkleider und schwarzen Gamaschen wohl im Tornister aber nicht am Leibe unter den Überknöpfbeinkleidern sich befanden und wir daher gezwungen waren, auf offener Straße bei nassen kalten Wetter unseren Anzug zu vervollständigen.

Wiewohl ich beim 2ten Bataillon des Regiments stand, welches seine Garnisonen in Tennstadt und Weißensee hatte, so kam ich doch als zum Stabe gehörig mit nach Langensalza, wo außer diesem das 1ste Bataillon und die 1ste Grenadier-Kompanie standen. Ich wohnte bei meinem Vater, war sehr viel in dem Rockenthienschen Hause und mit der heranwachsenden Generation von Langensalza noch von sonst her gut bekannt, verlebte ich eine ganz angenehme Zeit. Ausflüge nach Grüningen, wo ich die heitersten, glücklichsten Tage verbrachte, wurden so oft als tunlich unternommen und auch in Begleitung von Otto Goldacker, der bald nach unserer Rückkehr in das Regiment als Kadett eintrat, dessen Familie in Weberstadt und die Herrn v.Kuhn in Schönstadt öfters besucht. Goldackers Mutter war eine geborene v.Kuhn aus Schönstadt und Geschwisterkind mit meiner Mutter. Die Goldackersche Familie war reich an Kindern, so dass es uns nicht an Gespielen fehlte, besonders aber schloß ich mich der einen Tochter Lottchen an, einem liebenswürdigen Mädchen, welche in der Folge sich mit einem Herrn Twaine verheiratete.

Die jungen Offiziere und Offizierssubjekte erhielten von einem Offizier des Regiments, Leutnant v.Schlieben (späteren Oberlandfeldmesser), Unterricht in Mathematik, Aufnehmen und Zeichnen, welchen Unterricht ich zwar fleißig folgte, der aber bald wieder unterbrochen wurde, sobald im Frühjahr die Exerziertest begann.

Gewöhnlich fand die Musterung durch den Muster-
inspekteur im Monat Mai statt, wozu die Regimenter 14
Tage bis 3 Wochen in der Nähe ihrer Garnisonen zusammengezogen wurden und im Herbst erfolgten dann größere Truppenzusammenziehungen oder Lager. In diesem
Jahr wurde die Musterung durch den General v.Low abgehalten und die Tage seiner Anwesenheit in Langensalza
brachten ein reges Leben in die Garnison. Es war die erste große Musterung, der ich beiwohnte und die Sorge
und Geschäftigkeit, welche ich überall sah, um den Beifall
des Inspekteurs zu erhalten, gab mir eine große Meinung
von der Wichtigkeit seiner Person sowie der ganzen Angelegenheit. Zu der damaligen Zeit, wo die Rekrutierung,
Bewaffnung und Ausrüstung einzig den Kompanieinha-
bern oblag, war die Musterung die Kontrolle für diese
und daher für sie von hoher Wichtigkeit, aber auch das
Zeremoniell was dabei herrschte, die Formen die beobachtet wurden, trugen nicht wenig dazu bei, sie in den
Augen der Soldaten als eine Art von heiliger Handlung
erscheinen zu lassen. An dem eigentlichen Mustertage,
wo dem Inspekteur als Beauftragten des Kurfürsten besondere Ehrenbezeigungen zukamen, hatte ich die Or-
donnanz bei ihm und ich dünkte mir meinen Jugendge-
spielen gegenüber nicht wenig wichtig, als ich in der Begleitung des Inspekteurs im Gesellschaftsgarten mit um-
gehangener Kartusche und Pistol erschien.

Einer Episode aus jener Zeit entsinne ich mich, die einen
Blick tun läßt auf das damalige etwas wüste Treiben des
Garnisonslebens. Die unverheirateten Offiziere speisten
an einem gemeinschaftlichen Tisch, an welchem auch
mein Vater nebst mir teilnahm. Eines Tages, ich glaube es
war sogar der Tag, an welchem die Garnison früh kom-
muniziert hatte, wo etwas mehr Wein als gewöhnlich ge-

trunken worden war, beschloss die Gesellschaft nach dem Essen zusammen zu bleiben und Punsch machen zu lassen. Die Offiziers begannen zu spielen, was damals der gewöhnliche Zeitvertreib in einer Offiziersgesellschaft war und ich erhielt den Auftrag, die Punschgläser gefüllt zu erhalten. Es wurde sehr viel getrunken und die Gesellschaft wurde nach und nach mehr als lustig, so dass sie sich schließlich damit vergnügte, erst Karten, Gläser und Flaschen, dann aber auch Stühle und Tische durch die Fenster auf die Straße zu werfen und als endlich nichts mehr zum hinauswerfen vorhanden war, schon im Begriff stand das Dach abzudecken und in Ermangelung von etwas anderem die Ziegel auf die Straße zu werfen, eine Absicht die nur mit Mühe durch den noch einigermaßen nüchternen Teil der Gesellschaft abgewendet wurde. Bei meinem Auftrage, die Gläser zu füllen, hatte ich mich auch nicht vergessen und die natürliche Folge davon war, dass ich tüchtig betrunken wurde, zum ersten Mal in meinem Leben, aber auch dermaßen, dass ich meiner Sinne nicht mehr mächtig war. Ich hatte mich endlich aus der Gesellschaft entfernt, war aber nicht zu bewegen gewesen, mich nach Hause zu begeben, sondern entsprang meinem Begleiter, einem anderen Junker, v.Einsiedel, der bei dieser Gelegenheit sich nüchtern zu erhalten gewußt hatte, während er in späteren Jahren sich dem Trunke ergab und auch in Folge dessen starb. Zum nahen Stadttor hinauslaufend, tummelte ich mich auf den Feldern herum, nicht ohne einigemale mit meiner weißen Uniform zur Erde fallend, bis es endlich Einsiedeln gelang, mich mit Hilfe einiger Soldaten von der Torwache einzufangen und mich in diese zu bringen, wo ich dann auf der Pritsche meinen Rausch ausschlief und hierauf spät Abends im Dunkeln mich ganz beschämt nach Hause schlich.

In diese Zeit fallen auch meine ersten musikalischen Studien, wozu ich die Flöte gewählt hatte, als das für den Soldaten geeignetste Instrument, da er es überall mit sich führen kann. Mit vielfachen Unterbrechungen habe ich auch später fortgefahren mich im Flötenblasen zu üben und wenigstens das Instrument in allen Feldzügen mit mir herumgeführt. Nach den Feldzügen begann ich in Dresden wieder Unterricht zu nehmen und hatte es schon zu einer gewissen Fertigkeit gebracht als ich fand, dass um etwas zu leisten mehr Zeit drauf gewendet werden müsste als ich glaubte dazu übrig zu haben und da ich überhaupt die Bemerkung machte, dass ein eigentliches musikalisches Talent mir fehle, so gab ich das Flötenspielen plötzlich gänzlich auf.

Feldzug 1806

Eines Tages in der ersten Hälfte des Monats September wurden mein Vater und ich am frühen Morgen durch die Stimme des Adjutant Pfaff aus dem Schlafe geweckt, der meinen Vater von der Straße aus rief und ihm mitteilte, dass soeben der Befehl zum sofortigen Aufbruch durch Estafette eingetroffen sei. Mit einem Satz war ich aus dem Bette und meine Freude grenzenlos über diese Aussicht zu einem Feldzug.

Dieser rasche Übergang aus den Friedenszustand zum Aufbruch zu einem Feldzug brachte natürlich die regste Tätigkeit in der Garnison hervor, deren Ausmarsch auf den andern Tag früh festgesetzt wurde. Mein Tornister war bald gepackt und meiner Ungeduld schien der Tag nicht enden zu wollen, der freilich den Meisten zu kurz schien, um alle Vorbereitungen zu treffen, welche der Aufbruch erheischte. Auf der Parade kündigte der Gene-

ral v.Burgsdorff den jüngeren Junkers an, dass sie im De-
pot zurückbleiben würden, was von ihrer Seite mit großer Betrübnis aufgenommen wurde und besonders meinem Freund Otto Goldacker, die hellsten Tränen hervor-
lockte, der mit Neid mein günstiges Geschick betrachte-
te, dass mir vergönnte am Feldzug Teil zu nehmen.

Tags darauf, ich glaube das es am 14ten September war,
erfolgte der Abmarsch aus Langensalza und ich begab
mich zu meinem Bataillon, dem 2ten, mit dessen Stab ich
nach Leubigen zu liegen kam, einem Dorf zwischen Weißensee und Kölleda. Hier erhielt ich mein Quartier zusammen mit einem Korporal, dessen Frau und sechs Soldaten. Eine einzige Streu nahm uns alle des Nachts auf,
auf der ich, wenigstens die erste Nacht, ganz vortrefflich
schlief, denn der Marsch von Langensalza bis hierher war
bedeutend lang.

In diesem Quartier blieben wir längere Zeit, ohngefähr 8
- 10 Tage, ehe wir unseren Marsch weiter fortsetzten,
von dessen Einzelheiten ich mich nichts weiter zu entsinnen weiß, als dass wir viel hin und her marschierten und
oft mit preußischen Truppen kreuzten und schließlich am
8ten Oktober mit solchen in dieselben Quartiere nach
Stadt Ilm kamen.

Das Regiment Clemens war nebst den Regimentern Churfürst und Prinz Xavier zu einer Brigade unter dem General Bevilaqua vereinigt und dem Avantgardekorps des
Prinzen Louis von Preußen zugeteilt.

Am 9ten Oktober Abends spät erreichten wir Rudolstadt,
das schon von Truppen wimmelte, wurden aber dennoch
einquartiert, wobei ich ein ganz gutes Quartier bei einem
Paar alter Mamsells erhielt. Des andern Morgen begab
ich mich zu den Equipagewagen, um meinem Tornister

ein bequemeres Plätzchen zu verschaffen als an meiner Seite. Hier traf ich meinen Vetter Gustav Mandelsloh, welcher beim Regiment Churfürst als aggr. Fahnjunker stand. Wegen eines bösen Fußes musste er bei den Wagen bleiben und konnte dem Gefechte, das - wie wir vermuteten - uns heute bevorstand, nicht beiwohnen, was ihn so beschämte, dass er sich vor mir zwischen den Wagen versteckte und mir durchaus nicht Rede stand.

Nachdem sich die Truppen vor der Stadt auf der Chaussee nach Saalfeld versammelt und hier eine ziemliche Weile auf den Prinzen gewartet hatten, kam dieser mit seinem Stab endlich an uns vorüber und wir setzten uns nun in einer langen Kolonne gegen Saalfeld in Marsch. Zwei gefangene französische Husaren, in roten Dolmans, welche an der Kolonne vorüber transportiert wurden, wurden angestaunt und waren uns schon eine gewisse Bürgschaft des Sieges. Von Saalfeld her, wo unsere Vorposten bereits im Gefecht waren, tönten einzelne Kanonenschüsse zu uns herüber, die ersten, welche ich bei ernstlicher Veranlassung vernahm. Ihr Schall erfüllte mich mit Mut und freudiger Hoffnung, so dass ich den Weg mehr hüpfend als gehend zurücklegte und kaum den Augenblick erwarten konnte, bis auch wir auf dem Schauplatz des Gefechtes angelangt sein würden. Unsere Schritte wurden beschleunigt und ehe wir Saalfeld erreichten, jenseits welchem Orte das Gefecht engagiert war, marschierten wir in Linie auf und zwar nicht in der eigentlichen Gefechtsordnung, sondern jedes Bataillon einzeln, so wie es ankam, so dass das 2te Bataillon Clemens, bei welchem ich stand und welches eigentlich das Bataillon des linken Flügels der Brigade war, auf dem äußersten rechten Flügel zu stehen kam. So wenig ich auch von Taktik verstand, so erschien mich doch dieser Aufmarsch befremdend und gab mir die Idee von Unsicherheit und Übereilung in der Leitung des Gefechtes, was meine Siegeshoffnungen schon etwas herab drückte. Der Aufmarsch war nicht längst vollendet, als unser Regiment den Befehl erhielt rechts abzurücken, um einen großen Terrainteil zu decken, der zwischen der Brigade und dem preußischen Regiment Müffling lag, welches eine waldige Höhe auf den äußersten rechten Flügel besetzt hatte. In dieser Aufstellung, in welcher die beiden Bataillone des Regiments des Regiments ziemlich weit von einander getrennt waren, standen wir eine lange Weile untätig, während das Gefecht auf dem linken Flügel immer lebhafter wurde. Unsere Schützen blänkelten im vorliegenden Walde mit dem Feinde, dessen Kugeln bis ins Bataillon schlugen und uns einige Leute verwundeten. Ein Unteroffizier der Schützen, der im Fuß verwundet war, wurde hinter unserer Front verbunden und erregte meine größte Bewunderung über die Ruhe, mit welcher er dabei seine Pfeife rauchte und nach angelegten Verband, auf sein Gewehr gestützt, weiter nach hinten hinkte. Das immer mehr rückwärts nach der Saale zu sich ziehende Feuer auf dem linken Flügel ließ uns den ungünstigen Ausgang des Gefechts vermuten, was keinen Zweifel mehr unterlag, als wir das Regiment Müffling rückwärts abmarschieren sahen und befehligt wurden, ihm zu folgen. Bei dieser Bewegung wurde das 1ste Bataillon des Regiments, bei welchem mein Vater als Stabscapitän bei Oberst-Kompanie stand, von französischer Kavallerie erreicht und unter Verlust seiner Fahne fast gänzlich zersprengt, während es unserem Bataillon gelang, sich in für Kavallerie ungangbares Terrain zu werfen. Hier stellten wir uns am Rande eines Holzes auf und mit der 4ten Division einen Haken bildend wurde mit Plotons auf die sich von dieser Seite nähernde Kavallerie gefeuert. Indes verließen wir diese Stellung bald wieder und da die auf der Straße nach Rudolstadt über die Schwarza führende Brücke nicht mehr vor dem Feinde zu erreichen war, nahmen wir unsern Weg rechts durch Gebüsch und von Ravins durchschnittenen Terrain in möglichster Eile jedoch in vollständiger Ordnung. Nach kurzem Marsch gelangten wir an das tiefe und steile Tal, in dessen Grund das Flüsschen Schwarza fließt und stiegen in dasselbe hinab. Da aber hier keine Brücke zu finden war, so blieb uns nichts übrig, als das ziemlich tief und reißende Wasser zu durchwaten, was denn auch sofort ausgeführt wurde. Mir ging das Wasser bis an die Brust und kaum würde ich den reißenden Strom haben widerstehen können, wenn nicht ein paar Soldaten mich unter die Arme gefasst und auf diese Weise glücklich an das andere Ufer samt meiner Fahne gebracht hätten. Hier stellte sich uns eine ziemlich hohe, sehr steile Talwand entgegen und es entstand die Frage, ob diese erklimmt werden oder ob man dem Fluß folgen und sich nach Rudolstadt wenden sollte. Eine lange Debatte entstand darüber unter den Offizieren bis endlich der Bataillonskommandant, Major Kändler, sich für das erstere entschied, während ein großer Teil der Offiziere, darunter 3 Hauptleute, bei der letztern Meinung beharrte und es mag als ein Beweis gelten von der geringen Disziplin, die bei uns herrschte, dass diese Offiziere ihren Ansichten folgend sich vom Bataillon trennten. Sie wurden in Verfolg ihres Weges gefangen, kamen nach dem Frieden wieder zum Regiment und ich habe nicht gehört, dass sie wegen ihres disziplinwidrigen Benehmen zur Verantwortung gezogen worden wären. Das Bataillon erklimmt den steilen Talrand und setzte den Marsch unter Führung des Bataillonskommandanten nach dem Innern des Thüringer Waldgebirges fort. Spät in der Nacht kamen wir, auf das Höchste ermüdet und erschöpft, im den Städtchen Remda an und da uns notwendig einige Ruhe gegönnt werden musste, wurde uns gestattet, uns auf dem Marktplatz niederzulegen. Hunger und Durst trieben mich in eines der umliegenden Häuser, wo ich in der Ofenröhre der Unterstube einen Topf mit schwarzem Kaffee fand, den ich mir ohne Zögern zueignete und dessen Inhalt mit langen Zügen hinunterschluckte. Nie in meinem Leben, glaube ich, hat mich etwas mehr erquickt, als dieser bittere Kaffee, der mich nach dem kalten Wasserbade wieder erwärmte und stärkte. Nach diesem Genuss fühlte ich kein Bedürfnis weiter als Ruhe, legte mich auf die Erde nieder und schlief, bis der Ruf zum Weitermarsch mich weckte.

Noch bei Nacht waren wir aufgebrochen und ohne weiteren Aufenthalt zogen wir des Weges weiter bis nach Erfurt, wo wir den 11ten Nachmittags ankamen. Hier kam uns der preußische General Rüchel mit einer großen Suite vor der Festung entgegen, ließ uns halt machen und visitierte die Patronentaschen, wobei er sich sehr mißbilligend aussprach, dass wir bei so geringem Verbrauch von Munition das Schlachtfeld verlassen hätten und uns nicht undeutlich zu verstehen gab, dass er von unserer Tapferkeit keine besonders hohe Meinung habe. Einstweilen wurden wir in der Festung aufgenommen und einquartiert, wobei ich aber in einem schlechten Quartier und bei der sehr mangelhaften Verpflegung wenig Gelegenheit fand, meine erschöpften Kräfte wieder herzustellen.

Anstatt uns zu unserem Korps zu senden, hielt man uns in Erfurt zurück, um uns im Festungsdienst zu verwenden zu welchem Ende denn auch des andern Tages ein Teil des Bataillons auf Wache ziehen musste. Indes gelang es endlich den umermüdeten Drängen unseres Bataillonskommandanten, dass man uns den Abmarsch aus der Festung gestatte und in schneller Benutzung der erhaltenen Erlaubnis zogen wir am 13ten gegen Abend aus den Toren Erfurts ab. Unser Marsch ging nach Weimar und auf der Hälfte des Weges, ohngefähr zwischen beiden Städten, brachten wir die Nacht in einem Dorfe zu. Mit dem frühsten Morgen des 14ten Oktober brachen wir aus unserm Nachtquartier auf und schon ehe wir Weimar erreicht hatten, hörten wir den Kanonendonner der beginnenden Schlacht bei Jena, der mit indes bei weitem weniger angenehme Gefühle erweckte, als dies bei den ersten Schüssen der Fall gewesen war, die ich vor Saalfeld gehört hatte. Bei dem dichtesten Nebel, der kaum erlaubte drei Schritt weit zu sehen, marschierten wir durch Weimar und auf der Chaussee gegen Jena vorwärts, dem immer heftiger werdenden Feuer entgegen. Unser Bataillonskommandant schien nicht zu wissen, welche Richtung er einschlagen sollte, um sich wieder mit dem Regiment zu vereinigen, denn wir wandten uns bald hier bald dort hin, bis endlich, ich weiß nicht zu sagen in welcher Gegend, Haufen von Fliehenden aller Waffengattungen in der größten Unordnung uns entgegen stürzten, was denn den Bataillonskommandanten bewog, ebenfalls umzukehren und den Rückmarsch nach Weimar anzutreten. Nicht lange waren wir in dieser Richtung marschiert, als plötzlich der Ruf erscholl: „Franzosen! Franzosen!" Augenblicklich setzen die uns umgebenden Massen von Wagen, Reitern und Fußgängern sich in Trab und der panische Schrecken teilte auch unserm Bataillon sich mit. Die Hintersten drängten vor, es entstand ein Knäuel in dessen Wirrwarr ich mitsamt der Fahne über den Haufen gerannt wurde, den Hut verlor und nur mit Mühe mich wieder aufzuraffen und zu folgen vermochte. In diesem Augenblick der Verwirrung war meine Lust am Krieger-

stand vollständig erloschen und innerlich schwur ich mir
zu dass, wenn ich glücklich nach Hause kommen würde,
ich diesen Stand verlassen und einen andern ergreifen
wollte. Der Ungrund des falschen Lärms zeigte sich indes
bald, die Ordnung wurde im Bataillon wieder hergestellt,
ein Soldat brachte mir den verlorenen Hut wieder und
ohne weitere besondere Ereignisse setzten wir den
Marsch auf Weimar fort. Auf diesem Weg gesellte sich
ein Unteroffizier vom Regiment Niesemeuschel zu uns,
der einen Schuss in den Kopf erhalten hatte, aber dessen
ungeachtet ganz munter und fröhlich war. Er drängte sich
in das Fahnenploton, indem er versicherte, dass auch er
im Fahnenploton gestanden habe und daher hier sein
Posten sei, setzte den Marsch eine große Strecke mit uns
fort, wobei er mit großer Lebhaftigkeit sprach, bis er endlich plötzlich tot niederfiel.

Bis an den Waibich, einem Gebüsch vor Weimar, an welchem die Straße von Jena nach Weimar hinab führt, setzten wir unseren Rückzug nun unaufgehalten fort, hier
aber fanden wir ein paar Bataillons Preußen aufmar-
schiert und wurden veranlasst, uns auf ihrem rechten
Flügel aufzustellen, während der Tross der Wagen, Verwundeten und Fliehenden sich auf Weimar wälzte. Wir
hatten nicht sehr lange hier gestanden, als unter den zu-
rückgehenden Truppen die Reste der Regimenter Churfürst und Xavier ankamen sowie die unseres ersten ganz
versprengten Bataillons, mit denen sich mein Vater an
das Regiment Churfürst angeschlossen hatte. Als ich
meinen Vater sah, sprang ich aus dem Giede heraus ihm
entgegen und unsere beiderseitige Freude war groß, uns
gegenseitig unter den Lebenden und wohlbehalten wieder zu finden. Die wenige Mannschaft des Regiments
Clemens schloß sich an unser Bataillon an und die übri-

gen sächsischen Truppen stellten sich neben uns auf, um unter Befehl des Generals Cerrini den Rückzug auf Weimar zu decken, während die preußischen Truppen sich hinter uns sammelten und längs der Chaussee aufstellten. Der Strom der Flüchtlinge, der sich auf Weimar wälzte oder in den Felder zerstreute war nicht zu Ende, als eine Abteilung französischer Dragoner, an den Helmen mit Roßschweifen kenntlich, auf der Chaussee gegen den linke Flügel unserer Aufstellung ansprengte. Ein paar Kartätschenschüsse, die ihnen entgegen gesendet wurden, veranlassten sie schnell zum Umkehren, trotzdem warfen die hinter uns stehenden preußischen Bataillone die Gewehre von sich und stürzten in wilder Flucht auf Weimar zu. Bald zeigte sich indes mehr französische Kavallerie und auch Artillerie in der Ferne, worauf denn auch wir, jedoch in vollständiger Ordnung, den Rückzug antraten, wobei wir Mühe hatten, über die Massen der weggeworfenen preußischen Gewehre hinweg zu steigen.

Vom Schlachtfeld aus führte General Cerrini die Kolonne, Weimar rechts umgehend, auf Kölleda, wo wir nach ununterbrochenem beschwerlichen Nachtmarsch gegen Morgen anlangten, nach kurzer Rast aber wieder aufbrachen und unsern Marsch auf Frankenhausen fortsetzten. Hier kamen wir des Abends am 15ten an und übernachteten daselbst, doch weis ich mich nicht zu entsinnen, dass wir hier in Unterkommen und Lebensmittel erhalten hätten und mindestens geschah letzteres in sehr ungenügender Weise, da ich mich lebhaft erinnere, wie köstlich mir des andern Tages in Sangerhausen eine Kartoffelsuppe schmeckte, welche von Seiten der Stadt für die vor dem Tore gelagerten Truppen gekocht worden war und uns in großen Kübeln serviert wurde. General von Zezschwitz mit einiger Kavallerie vereinigte sich hier mit uns und noch den 16ten Abends brachen wir wieder von Sangerhausen auf, langten am 17ten des Morgens bei Mansfeld an und setzten so dann den Marsch an diesem Tage bis in die Gegend von Hettstädt fort. Am 18ten gelangten wir bis in die Gegend von Alzendorf und erreichten am 19ten die Elbe bei Barby.

Unglücklicherweise war unser Marsch von Weimar aus durch einen Teil des Werbebezirkes unseres Regiments gegangen, wodurch ein großer Teil unserer Soldaten sich veranlasst fand, ihre Fahne zu verlassen und die Heimat aufzusuchen, während ein anderer Teil, besonders bei den Nachtmärschen, erschöpft zurück blieb und von der Kolonne getrennt wurde. So war unser Bataillon denn zu einem unbedeutenden Häufchen zusammen geschmolzen, als wir am 20ten bei Schönebeck über die Elbe gesetzt wurden und nach Pommern marschierten. Hier empfing mich ein gutes Quartier, wo ich zum ersten Male nach langer Zeit der vollständigen Ruhe überlassen und von den manchfachen Strapazen ausruhen konnte, die im Verlauf der letzten vierzehn Tage meine Kräfte in Anspruch genommen hatten.

Mittlerweile war die Neutralität Sachsens, welcher der Posner Friede folgte, ausgesprochen worden, wovon die Nachricht uns hier erreichte zugleich mit dem Befehl, auf dem kürzesten Weg in unsere Garnisonen zurück zu kehren. Am 22ten Oktober traten wir dem zu Folge unseren Rückmarsch an und gingen an diesem Tage wieder über die Elbe zurück. Dieselbe Fähre, welche uns auf das linke Elbufer übersetzte, führte französische Infanterie vom Korps des Marschalls Bernadotte auf das rechte Ufer über, welche der Überfahrt harrend, sich am jenseitigen Ufer gelagert hatte und bei denen wir vorüberziehen mussten. Zum ersten Mal sah ich hier französische Truppen in der Nähe, die uns eben so neugierig betrachteten wie wir sie und die zu meinem großen Verdruss unerschöpflich waren in Bemerkungen und Witzen, die sie über den kleinen Fahnenträger machten. Von der Richtung und den Einzelheiten unseres weiteren Marsches nach der Garnison weis ich mir nichts mehr zu entsinnen. In den letzten Tagen des Oktober langten wir wieder in Langensalza an nach einer kaum zwei monatlichen Abwesenheit, die aber für uns reich an Ereignissen und mehr noch an betrübenden Erfahrungen waren.

Da wir vor dem Einrücken in Langensalza die Garnisonen des zweiten Bataillons, Weißensee und Tennstedt, passiert hatten, wo die Mannschaft desselben verblieben war, so zogen wir, ein schwaches, nur von einem Offizier geführtes Häuflein, in die Stadt. Wir fanden hier schon die Wache besetzt, denn die meisten Offiziere des Bataillons sowie ein großer Teil der Mannschaft hatten schon auf anderen Wegen die Garnison erreicht, Einzelne sogar schon den Tag nach der Schlacht bei Jena. Wir zogen still ein und wurden still empfangen und kaum äußerte sich hier und da ein freudiges Wiedersehen. Schon bald stellten sich Zerwürfnisse heraus zwischen Offizieren und den Einwohnern, welche sich nicht enthalten konnten, ihre sarkastischen Bemerkungen über unsern so schnell beendigten Feldzug zu machen. Die Gesellschaft trennte sich; die Offiziere mit einigen wenigen zu ihnen haltenden Bürgern bildeten einen eigenen Club und selbst in dem Offizierskorps zeigten sich Spaltungen, so dass der folgende Winter in geselliger Hinsicht ein sehr stiller und unbehaglicher wurde. Ich wohnte bei meinem Vater wie früher, aß mit ihm auf dem Zimmer und haben ihn nie so verdrießlich und launenhaft gesehen als zu dieser Zeit, wo er, wie ich glaube, mit der Idee beschäftigt war, den

Dienst zu verlassen. Wahrscheinlich hätte er die Idee auch ausgeführt, wenn er nicht später durch ein ihm übertragenes Kommando, einen Transport zu den bei der Belagerung von Danzig befindlichen sächsischen Truppen zu führen, davon wäre zurückgehalten worden. Im Frühjahr 1807 ging mein Vater zu diesem Kommando nach Dresden ab und ich blieb mir selbst überlassen in Langensalza zurück, kaum sechzehn Jahre alt mit der Hoffnung, bald Offizier zu werden, da durch die schwere Verwundung des älteren Fahnjunkers, von Wolfersdorff, bei Saalfeld, dessen Verabschiedung herbeigeführt wurde und ich nun der älteste Fahnjunker im Regiment geworden war, bei dessen ersten Bataillon ich jetzt angestellt wurde.

Mein Aufrücken zum Offizier

Im Mai 1807 erhielt das 1ste Bataillon des Regiments den Befehl, nach Zeitz zu marschieren, weil das dort in Garnison stehende Regiment Churfürst, nunmehr König, zur Garnison nach Dresden beordert worden war. Unsre Beurlaubten wurden eingezogen und in wenig Märchen hatten wir Zeitz erreicht, wo ich mit einem andern Junker des Regiments, Einsiedel aus Wolftitz, zusammen ein ganz gutes Quartier erhielt, in dem wir uns ganz wohl befanden. Ich besuchte überdem fleißig das Haus meines Onkels, des ältesten Bruders meines Vaters, der hier Konsistorial- oder Regierungs-Präsident und Domherr war. Ihn, einen menschenscheuen nur in seinen Akten lebenden Mann, sah ich freilich wenig, aber in der Familie befand ich mich wohl. Die Tante, eine geborene Gräfin von Gleichen-Rußwurm, war sehr gnädig gegen mich und eben so meine Cousine, Laurelie, die zweite Tochter des Hauses, nachherige Frau von Zeschau, ein bereits erwachsenes, sehr liebenswürdiges und schönes Mädchen.

Von den übrigen Kindern waren nur die älteste Tochter und die beiden Jüngsten, Clara und Adolph, zu Hause, letztere beide noch Kinder und erstere geisteskrank. Sie erschien nur bei Tisch, blieb hier stumm und brachte den übrigen Teil des Tages auf ihrem Zimmer zu mit ihrer fixen Idee beschäftigt, dass sie mit Napoleon verlobt sei und dieser bald kommen würde, um sie abzuholen. Der älteste Sohn Carl war auf Universität, Moritz, der nachhörige Bergrat, auf Schule und Gustav als Fahnjunker mit dem Regiment König ausmarschiert.

Ich war im Vortrag zum Offizier, aber das Patent ließ lange auf sich warten, was meine Ungeduld auf das höchste erregte, welche noch mehr gespannt wurde, als ich eines Tages im Anfang des Monats Juni, wo ich auf Wache stand, meine Ernennung zum Fähndrich in der Leipziger Zeitung las. Aber das Patent blieb aus und mehrere Tage musste ich noch warten, ehe ich mich in der Offiziersuniform zeigen durfte. Meine Offiziers-Equipage hatte ich bereits vollständig und ich konnte mir das Vergnügen nicht versagen, mich in der Stille meines Zimmers zuweilen mit den Zeichen meiner künftigen Würde zu schmücken und mich im Spiegel wohlgefällig zu betrachten. Endlich wurde mir das heiß ersehnte, vom 27ten Mai datierte Patent ausgehändigt und ich glaubte, nun das Ziel aller meiner Wünsche erreicht zu haben. Natürlich säumte ich nicht, so viel möglich in meiner neuen Würde mich überall sehen zu lassen, aber den Schildwachen winkte ich schon von weitem, dass sie mir die Ehrenbezeugung nicht erweisen sollten, als sei mir dieses etwas Gleichgültiges, wiewohl ich im Innern darauf erpicht war.

Bei meiner Beförderung zum Fähndrich hatte ich meine Anstellung beim 2ten Bataillon und zwar bei der Koppenfelsschen Kompanie in Weißensee erhalten und zugleich den Befehl, 30 - 40 Mann jenes Bataillons, welche zur Vollzähligmachung des 1sten Bataillons zeither zu diesem kommandiert waren, unbewaffnet in die Garnison zurück zu führen. Für mich jungen Offizier war dieses Kommando nicht ohne Schwierigkeit, da mir nicht einmal ein Unteroffizier beigegeben war und die Mannschaft, weil unbewaffnet, sich auch der Disziplin entbunden glaubte. Indes langte ich glücklich in Weißensee an, ohne dass besondere Ereignisse meine Unerfahrenheit und Jugend auf die Probe gestellt hätten.

Meine nunmehrige Garnison Weißensee war die traurigste, die man sich denken konnte. Zwei Kompanien lagen in dem kleinen Ort, deren wenige Offiziere gänzlich auf sich beschränkt waren, denn wenn auch eine Gesellschaft der Honoratioren wenigstens während des Winters bestand, so war diese doch wenig zahlreich und bot nicht viel Unterhaltung dar. Von den acht Offizieren der Garnison waren die verheirateten Kapitäns außer dem Dienst nicht sichtbar, die beiden Premierleutnants, schon ältere Männer, lebten ganz für sich, so dass also nur wir vier Sousleutnants und Fähndrichs, von denen aber auch immer einer oder der andern auf Urlaub sich befand, auf uns selbst angewiesen waren. Ein Gasthaus, wo wir hätten Essen können, war nicht vorhanden und so mussten wir sogar unser Mittagsmahl einzeln einnehmen und jeder mochte sehen, wie er für sich sorgte. Ich hatte mich bei meinem Hauswirt, einem einfachen Handwerker, verdungen und nahm mit dessen sehr wenig luxuriösen Kost vorlieb.

Das nur zwei Stunden entfernte Grüningen war daher für mich eine große Resource und wurde denn auch oft und auf längere Zeit besucht. Hier hatte sich im Laufe der Zeit auch vieles verändert. Mein Onkel Hans Kuhn war aus dem Militärdienst ausgetreten und hatte die Bewirtschaftung des Gutes übernommen. Die Tante Karoline hatte sich mit dem Leutnant Bose von der Artillerie verheiratet und daher Grüningen schon längst verlassen, dagegen war Fritz Rockenthien aus dem Kadettenhause wieder in das väterliche Haus zurück gekehrt und die beiden Mädchen, Henriette und Mimi, waren nun völlig erwachsen und prangten in schönster Jugendblüte. Natürlich befand ich mich in diesem Kreise außerordentlich wohl und brachte in ihm glückliche Tage zu wie einst als Knabe nur mit dem Unterschied, dass die früheren kindlichen Spiele und lärmendes Gebahren anderen Zeitvertreiben und stilleren Freuden gewichen waren. Unvergesslich bleiben mir die Stunden, wo wir um Henriette versammelt saßen und diese uns mit Gesang und Gitarrenspiel unterhielt und mit ihrer schönen seelenvollen Stimme Gefühle einer unbestimmten Sehnsucht, wenigstens in mir, wach rief.

Mein Vater war indes von seinem Kommando nach Danzig zurück gekehrt, war zuvörderst zu seinem Bataillon, dem 1sten, gegangen, welches auf der Etappenstraße nach Zwickau zum Transport von Gefangenen verwendet worden war und war im Herbst des Jahres zum wirklichen Kapitän aufgerückt. Als solcher hatte er die Kompanie des zum Major beförderten Hauptmanns von Koppenfels erhalten und war so nach Weißensee gekommen. Von einem längeren Urlaub aus Grüningen zurück kehrend, fand ich meinen Vater in Weißensee, wo er mir eröffnete, dass er sich wieder verheiraten würde und zwar mit Demoiselle Marie Reißig aus Langensalza. Ich nahm die Nachricht freudig auf, da mein Vater sein Glück in dieser Verbindung zu finden hoffte und ich auch meine künftige Stiefmutter bereits kannte. Die Vermählung fand auch noch in diesem Jahr am 20ten Oktober in Langensalza statt, eine Doppelhochzeit, da der Bruder der Braut meines Vater, Apotheker Reißig, an demselben Tag mit Demoiselle Gräser getraut wurde. Die Hochzeit wurde bei den Schwiegereltern meines Vaters gefeiert und während nach dieser mein Vater noch längere Zeit in Langensalza blieb, kehrte ich nach Weißensee zurück, wo ich einstweilen die künftige Wohnung meiner Eltern bezog.

In Weißensee war es sehr einsam. Der größte Teil der Offiziere war beurlaubt, so dass ich sogar eine Zeit lang der einzige anwesende Offizier der Kompanie war und mit nicht geringer Wichtigkeit die täglichen Rapports des Feldwebels und des Capitaine d'armes, damals eine sehr wichtige Person, entgegen nahm oder die mir vom Fourier vorgelegten Eingaben unterschrieb. Die langen Winterabende suchte ich mir durch Musik zu verkürzen und außer, dass ich fortfuhr die Flöte zu blasen, nahm ich bei einem angehenden Schullehrer Unterricht auf dem Klavier. Der Feldscher der Kompanie spielte die Harfe und ihn sowie meinen Klavierlehrer lud ich denn häufig die Abende zu mir ein, wo wir uns dann an unsern Konzerts, bei denen ich die Flöte blies, herrlich vergnügten, zum Glück aber außer uns selbst weder Zuhörer noch Beurteiler hatten. Nachdem meine Eltern in Weißensee eingezogen waren, sollten die Karten die Abende verkürzen helfen, wozu der Vater mir und der Mutter l'hombre lehrte. Doch dauerte dies Vergnügen nicht lange, da die Mutter eine zu wenig aufmerksame und teilnehmende Spielerin war.

Das Frühjahr 1808 brachte erneute militärische Tätigkeit. Es wurde viel exerziert, da wir Zusätze zu dem Reglement erhalten hatten, die dazu dienen sollten uns eine größere Beweglichkeit zu verleihen. Im Mai wurde das Regiment zur Musterung bei Langensalza vereinigt, wobei die Kompanie nach Großen-Gottern in die Kantonierungsquartiere kam. Mein Vater war hier eine Zeit lang krank, so dass das Exerzieren der Kompanie dem Premierleutnant anheim fiel. Dieser, ein Herr von Eichelberg, war schon in Jahren vorgerückt, war kränklich und konnte durchaus sein gewohntes altes Exerzier-Reglement nicht vergessen und sich die Abänderungen aneignen, welche die neue Zeit mit sich gebracht hatte. Der Sousleutnant der Kompanie war, ich weis nicht aus welcher Ursache, nicht gegenwärtig und ich hatte daher beim Exerzieren meinen Posten auf dem rechten Flügel der Kompanie, von wo aus ich gewöhnlich bei jedem Kommando des Premierleutnants, aller Subordination zuwider, hervortrat um ihn zu bedeuten, dass er unrecht habe und zu sagen, was und wie er es zu kommandieren habe. Nicht besser als die Ausbildung in der Kompanie war die im Bataillon beschaffen, denn unser Bataillons-Kommandeur Oberstleutnant Agner, ein großer dicker Mann auf kolossalem Pferde, ließ das Bataillon ruhen, sobald er in der Exerzier-Disposition auf ein ihm schwierig scheinendes Manöver stieß, wobei er zu sagen pflegte: „das wollen wir durch den Bauch stechen". Das unsere Manövrierfähigkeit auf diese Weise nicht sehr gefördert wurde ist natürlich, aber auch in anderer Hinsicht geschah sehr wenig um die Lehren, die wir im Feldzug von 1806 so eindringlich erhalten hatten, für uns nutzbar zu machen. Vom Tiraillieren war, außer bei den wenigen Kompanie-Schützen, keine Rede und eben so wenig wurde daran gedacht, Felddienst zu üben oder nach dem Ziele zu schießen.

Nachdem die Musterung beendet war, kehrten wir in unsere Garnison zurück, wo ich mir den Sommer durch häufige Besuche in Grüningen möglichst angenehm zu machen trachtete.

Im September dieses Jahres, 1808, wurde die Armee, während des Kongresses zu Erfurt, in zwei Lager bei Dresden und Bautzen versammelt. Das Regiment Clemens war mit zu dem ersteren bestimmt, welches längs der Chaussee nach Pirna zwischen den Dörfern Sporwitz und Mügeln in zwei Treffen aufgeschlagen wurde.

Auf dem Marsche dahin wurden dem Geist der Neuzeit die Zöpfe zum Opfer gebracht, welche die Soldaten sich einander teils im Quartier, teils auf dem Marsch abschnitten, so dass man häufig den Weg, den eine Kompanie marschiert war, an den an der Straße zerstreut liegenden Zöpfen verfolgen konnte. Es dauerte nicht lange, so existierte in der Kompanie kein Zopf mehr als der des Feldwebels, an dessen geheiligtes Haupt die frevelhafte Schere sich nicht gewagt hatte und es rief große Heiterkeit hervor, als ein paar Märsche vor Dresden der Befehl bekannt gemacht wurde, dass das Abschneiden des Zopfes bei 25 Prügel Strafe verboten sei. Die Offiziere ließen nur geschehen, was sie, wenigstens die Jüngeren, bereits selbst getan hatten, denn so war mein Zopf nebst die von vielen Anderen schon in Langensalza, wohin ich einer Gevatterschaft halber mich im Laufe des Sommers begeben hatte, bei einem Offizier-Diner im Gasthof zum Mohren, unter der Schere gefallen und unter großem Jubel der Gesellschaft mit Essig und Öl eingemacht worden. Obgleich wir damals in Rücksicht der Vorschriftsmäßigkeit im Anzuge von einem Extrem zum anderen übergegangen waren und jeder sich nach seinem Geschmack kleidete, so war der Zopf doch noch ein so wesentliches Stück unserer Toilette, dass wir es nicht wagen konnten, ohne ihn zu erscheinen, daher dann wenigstens im

Dienst ein falscher getragen werden musste, bis dann endlich während des Lagers bei Dresden der allgemeine Befehl zur Ablegung der Zöpfe und Entfernung des Puders gegeben wurde. In dieser Zeit war es auch eigentlich, dass die Willkürlichkeit in der Kleidung eintrat und die jüngeren Offiziere z.b. ihre Interimsuniformen zum Überknöpfen mit Rollkragen fertigen ließen und Westen und Beinkleider nach der Farbe der Aufschläge und mit Gold oder Silber besetzt trugen, eine Mode, welche durch die in Polen gestandenen Regimenter eingeführt worden war, denn wenn wir Jüngeren uns auch früher schon manche Eigenmächtigkeit in der Kleidung herausnahmen, so wurde dies doch nicht immer gutgeheißen. So entsinne ich mich, dass ich, bei Gelegenheit der schon erwähnten Gevatterschaft, in Langensalza auf die Parade mit offenem Frack, weißer Piqueweste, langen gewirkten Beinkleidern und Stiefeln mit Quasten erschien, dafür aber von unserem Regimentskommandanten, General von Burgsdorff, hart angelassen wurde, wenn auch keine weiteren nachteiligen Folgen für mich daraus entsprangen. Mit dem Verschwinden der Zöpfe und des Puders wurden nun auch die Hüte nicht mehr wie sonst quer auf dem Kopfe, sondern auf die noch jetzt gebräuchliche Weise getragen. Die Seitengewehrkuppel wurden über die Schulter gehängt, statt wie sonst um den Leib geschnallt zu werden und die Tornister verließen ihre Stelle auf der linken Seite und wurden nun an zwei Riemen auf dem Rücken getragen.

Noch hatte ich keinem Lager beigewohnt und es war daher für mich ein neues interessantes Schauspiel, als am Tage des Einrückens in das Lager die Truppen sich von allen Seiten versammelten, der Ordre de Bataille gemäß in zwei Treffen, die Kavallerie auf den Flügeln, aufstellten und so dann sämtlich auf ein gegebenes Zeichen aus den Waffen traten, um die schon bereit liegenden Zelte aufzuschlagen. In wenigen Minuten war dies erfolgt und die Ebene war von der leinwandeben Stadt bedeckt, in deren geradlinigen Straßen nun ein reges Treiben begann. Sobald man sich einigermaßen in seinem Zelt eingerichtet hatte, ging man die andern Regimenter durch, um seine Bekannten und Freunde zu begrüßen, denen man überall begegnete. Aus Dresden und der nahen Umgegend strömten tausende von Menschen herbei, um sich das Lager betrachteten und selten wurden, wenigstens in der ersten Zeit, seine Gassen von Besuchern frei. Marketenderzelte von allen Größen waren vorhanden, in denen von früh bis spät in die Nacht das regste Treiben herrschte und oft, wenn um Mitternacht nach damaligen Gebrauch die so genannte Schaarwache auf den vor der Front befindlichen Lagerwachen geschlagen wurde, waren die Tarottische noch dicht von Spielern umdrängt. Doch nahm diese Frequenz später beträchtlich ab, denn die lange Dauer des Lagers, wenn ich nicht irre 5 - 6 Wochen, nahm die Mittel der Meisten zu sehr in Anspruch, um das lustige Leben des Anfangs fortzuführen, so dass in der letzten Zeit, wo auch der Reiz der Neuheit vorüber war und fremde Besucher nicht mehr anlockte, eine Stille im Lager herrschte, die mit dem lauten Treiben der ersten Tage bedeutend kontrastierte.

Ich bewohnte, wie alle Subalternoffiziere, ein kleines Soldatenzelt, während nur die Hauptleute eigentliche Offizierszelte in Gebrauch hatten und hatte mich darin in meiner Art recht wohnlich eingerichtet. Um Raum zum Stehen zu gewinnen, hatte ich es tief ausgraben lassen, was mir indes eines Tages übel bekam, denn als ich da nach einem starken Gewitter aus dem Marketenderzelt zurück kehrte, fand ich mein Zelt bis oben auf mit Wasser gefüllt, auf welchem ein Teil meiner Effekten herum schwamm.

Meine Mutter war, wie gewöhnlich im Sommer, in Zschachwitz, was kaum $1/4$ Stunde vom Lager entfernt lag, wo ich sie denn häufig besuchte, meine meiste Zeit aber, die vom Dienst nicht sehr in Anspruch genommen wurde, brachte ich in den Marketenderzelten zu. Hier, wo die Gelegenheit so verführerisch war, spielte ich denn auch viel, zumindest in der ersten Zeit, aber da ich in der Regel Unglück hatte, waren meine Mittel bald erschöpft und von meinem Vater auf Tagegelder gesetzt, die mir jeden Morgen ausgezahlt wurden, hörte das lustige Leben für mich bald auf und der zeitige Abend fand mich schon auf meinem Lager im Zelte.

Der tägliche Glanzpunkt des Tages war, wenn zur Mittagszeit die Ablösung der Wachen statt fand, wo denn die Offiziere vor der Front ihrer Regimenter versammelt waren und die Regimentsmusiken sich hören ließen, welche indes damals nach einem andern Maßstab gemessen werden mussten, als es später der Fall wurde. Diese Musikchöre bestanden nur aus 16 Mann und wenn auch die Regimenter im Besitz von so genannter Janitscharenmusik waren, so wurde diese doch nur in den Garnisonen an besonders hohen Festtagen hervorgesucht. Die Vormittage wurden mit Exerzieren in Bataillons und zuweilen auch mit Übungen in größeren Verbänden zugebracht, wozu auch Feldmärsche und Feldmanöver gehörten. Bei einem solchen erinnere ich mich, dass mir vom General Zeschau, unsern Brigadier wenn ich mich nicht irre, ein Unterricht im Felddienst gegeben wurde, indem er mir verwies, dass ich auf meiner Feldwege zu wenig Posten ausgestellt hätte, zu denen ich geglaubt hatte, nur ein

Drittel meiner Mannschaft verwenden zu dürfen. Natürlich musste ich seiner Ansicht mich fügen, lasse es aber dahin gestellt, ob sie die richtige war.

Unter den lagernden Truppen befand sich auch ein Bataillon Garde, bei dem mein Stiefvater Bose stand. In seinem Zelte war meine Mutter häufig gegenwärtig und ich verfehlte nicht, sie häufig dort aufzusuchen, wo es übrigens niemals an Gesellschaft fehlte, wenigstens nicht in der ersten Zeit, so lange das Lager der Dresdner Gesellschaft etwas Neues war.

Zu Ende Oktober oder Anfang November, nachdem es schon recht tüchtig kalt geworden war, wurde das Lager aufgegeben und die Truppen in der Nähe von Dresden in Kantonements verlegt, wobei ich mit meinem Vater zusammen nach Schweinsdorf im Plauenschen Grunde zu liegen kam. In diesen Kantonements blieben die Truppen indes nur kurze Zeit, worauf die Regimenter den Rückmarsch in ihre Garnisonen antraten. Meine Mutter hatte mich eingeladen, bei ihr in Dresden zu bleiben und der Urlaub dazu war mir bewilligt worden. Als daher das Regiment aus dem Kantonement aufbrach, ging ich nach Dresden und benutzte hierzu einen Requisitenwagen, welcher, ich weiß nicht zu was für einen Zweck, leer dahin gesendet wurde. Bei geöffnetem Deckel des Wagens trat ich, auf meinem Koffer sitzend, ganz gemütlich meine Reise an, als ich aber bei Potschappel eine Kompanie vom Regiment König fand, welche so eben aufgestellt wurde, schämte ich mich meiner Equipage und versteckte mich in dem Wagen, indem ich den Deckel über mir niederließ. Doch leider begegneten mir von nun an soviel Truppen auf meinem Weg, dass ich es nicht wagte, den Deckel des Wagens wieder zu öffnen und so musste ich denn, sehr unbequem auf dem harten Boden liegend, in meinem Gefängnis bis Dresden verharren, wo ich es denn endlich vor dem Schlage wieder verließ.

Die Zeit meines Urlaubs verlebte ich auf höchst angenehme Weise im Hause meiner Mutter. Sie sah viel Gesellschaft in ihrem Hause, doch frequentierte ich diese Gesellschaft nicht so eifrig als es mir wohl gut gewesen wäre, sondern ich suchte meine Vergnügungen mehr unter Kameraden und Bekannten, deren ich viele bei den damals in Dresden in Garnison stehenden Regimentern hatte. Besonders wurden nach dem Gebrauch der damaligen Zeit die Wachen viel besucht, wo man stets sicher war, Gesellschaft zu finden, die Zeit aber meist im Spiel hingebracht wurde. Bose, der sich sehr freundlich gegen mich bewies, war ein gewaltig passionierter Jäger und wollte auch mir diese Leidenschaft einimpfen, weshalb er mich auf sein Jagdrevier mit nahm, das er in Lungwitz gepachtet hatte. Bei tiefen Schnee und kalten Wetter kletterten wir zwei Tage lang an den dortigen Bergen herum, ohne dass wir eben viel Wild zu Gesicht bekommen hätten. Ich schoß zwar plumper Weise einen Hasen, den ersten in meinem Leben, aber dem ohngeachtet wurde keine Leidenschaft zur Jagd in mir erweckt.

Nach Beendigung meines Aufenthalts in Dresden, der wohl ein paar Monate gedauert haben mochte, wählte ich zu meiner Rückreise anstatt der Post einen der damals zwischen Dresden und Leipzig fahrenden Lohnkutscher, die ihre Passagiere in zwei Tagen von dem einen Ort zum andern beförderten und in Oschatz zu übernachten pflegten. Unter meinen Reisegefährten befand sich ein ehemaliger preußischer Offizier, von Sydow, derselbe, welcher, wenn ich nicht irre, später unter dem Namen Solbrig als Deklamator einen gewissen Ruf erlangte, mit dem ich mich gut unterhielt und eine alte, hässliche, verliebte Putzmacherin, die für uns ein Gegenstand der Neckerei wurde und uns dadurch viel Unterhaltung gewährte. Unter andern hatte sie im Laufe des Gespräches der Tochter eines Torschreibers in Oschatz erwähnt, die ihrem Ausspruch nach ein Ausbund von Schönheit sein sollte, uns aber auf unsere näheren Fragen über diese Schönheit jede weitere Auskunft verweigerte. Teils um unsere Putzmacherin des andern Tags auf der Weiterreise zu ärgern, teils um unsere Neugierde zu befriedigen, hauptsächlich aber um die Langeweile des Winterabends in Oschatz zu vertreiben, unternahmen Sydow und ich die gerühmte Schönheit aufzusuchen. Von Tor zu Tor gehend machten wir uns bei der Torschreibern ein Geschäft, indem wir ein Märchen erzählten von einem Reitknecht, der mit zwei Pferden abgesendet worden wäre, das Tor schon am Tage hätte passieren sollen und nach welchem wir uns angelegentlich erkundigten, Pferde und Reitknecht auf das Genaueste beschreibend. Auf diese Weise erreichten wir denn wirklich unseren Zweck, wir fanden die gerühmte Schönheit und mussten gestehen, dass die Putzmacherin nicht zu viel von ihr gesagt hatte. Diese ärgerte sich den andern Tag weidlich als wir ihr von unserer Entdeckung erzählten, da sie viel lieber gesehen hätte, wir hätten uns mit ihr als mit jenem Mädchen beschäftigt.

Von Leipzig nahm ich, um der Reise auf den damaligen schauderhaften Postwagen zu entgehen, Extrapost und langte glücklich wieder in Weißensee an, wo ich den Rest des Winters verblieb. Um eine Idee von den Wintermonaten in Weißensee zu geben, erwähne ich eines Balles aus dieser Zeit, wo ich mich zwar ganz gut amüsierte, wo aber durch die Decke des Tanzsaales fortwährend Wasser auf uns Tanzende herabträufelte, dass von dem auf dem

Boden über dem Tanzsaal genetzten Malze herrührte. An ähnliche Zustände gewöhnt nahm die Gesellschaft keinen Anstoß daran und bei der, nur durch wenig Inseltlichter bewirkten, mangelhaften Beleuchtung blieb es unbemerkt, wenn die Toilette der Damen auch hin und wieder etwas beschädigt wurde.

Im Anfang des Jahres 1809 übernahm mein Vater die erledigt gewordene erste Grenadier-Kompanie und zog daher nach Langensalza, dem Garnisonsort dieser Kompanie. Die Musketier-Kompanie in Weißensee, welche mein Vater abgab, erhielt der Hauptmann von Schindler, der nun mein Kompaniechef wurde. Es war dies ein origineller kleiner Mann mit einer unaufhörlichen Beweglichkeit, welche nur dann in einige Ruhe überging, wenn Kartenspiel die Veranlassung dazu gab. Stets führte er Karten bei sich und wo sich die Gelegenheit ergab, forderte er zum Spiel auf, so dass meine Neigung dazu durch ihn nicht wenig Nahrung erhielt.

Die Ruhe und Einförmigkeit des Garnisonslebens dauerte indes nicht lange. Im März des Jahres 1809 wurde die Armee, wegen des drohenden Krieges zwischen Frankreich und Österreich, bei Dresden versammelt, wobei das Regiment Clemens nebst andern Truppen in Dresden selbst einquartiert wurde. Am Vorabend eines Feldzuges benutzten wir jungen Offiziere die uns gebotene Gelegenheit und Zeit, uns allen Zerstreuungen und Genüssen hinzugeben, welche die Hauptstadt uns bieten konnte und ich kann wohl sagen, dass diese Zeit die unordentlichste Periode meines Lebens gewesen ist. Bei dieser Lebensweise bedurften wir viel Geld, wenigstens mehr als wir besaßen, und um uns dieses zu verschaffen, griffen wir zu dem Mittel, unsere silbernen Feldbinden zu versetzen. Da wir aber diese notwendig zum Dienst bedurften, so trafen wir Mehreren zusammen die Einrichtung, dass das erhaltenen Geld gemeinschaftlich war, dagegen aber auch die zum Dienst erforderlichen Feldbinden gemeinschaftlich gehalten wurden, die dann jeden Tag einen Andern von uns zierten, je nachdem der Dienst uns traf.

Mein Vater war zum aggregierten Major befördert worden und erhielt das Kommando eines Depotbataillons, deren mehrere aus den Depots der verschiedenen Regimenter zusammengesetzt wurden. Er hatte sich hierzu einen Adjutanten zu wählen und bestimmte mir diesen Posten, was er mir zugleich mit der Nachricht verkündigte, dass wir des andern Tages von Dresden in das für das Depotbataillon bestimmte Kantonnement bei Meißen abgehen würden. Ich war höchlich erfreut über meine neue Charge, zu der mein Vater mich mit einem seiner Pferde beritten machte, aber der Gedanke an die fehlende Feldbinde, die mir nun unentbehrlich wurde, dämpfte einigermaßen meine Freude. Es half nichts, es musste gebeichtet und mein Vater um Hilfe angerufen werden, die er mir auch gewährte, wiewohl nicht ohne einen derben und wohl verdienten Verweis. Unser Kantonnementsquartier, dessen ich mich übrigens nicht entsinne, lag auf dem linken Elbufer und zwar nahe an Meißen, denn es wurde von da aus die Gesellschaft in Meißen besucht und ich erinnere mich sogar eines Balles, dem ich dort beiwohnte. Meine Adjutantengeschäfte begannen damit, Registranten, Konzept- und Orde-Bücher anzulegen und eine meiner ersten Tätigkeiten am Schreibtisch war eine streng verweisende Ordre an einen der Depotkommandanten, ich weis nicht mehr von welchem Regiment, welcher merkwürdiger Weise vergessen hatte, die Munition aus seiner Garnison mitzunehmen, obgleich die

Depotbataillons bestimmt waren, bei den zu erwarten-
den Abmarsch der Armee zur Sicherung gegen die böhmische Grenze zu dienen. Ein einziges Mal hatte ich das
Vergnügen, mich bei versammelten Bataillon im Dienst
zu Pferde zu sehen, denn in der Mitte des Monats April
wurde das Depotbataillon wieder aufgelöst oder wenigstens anders formiert und mein Vater und ich wurden angewiesen, wieder zu unsrem Regiment zurück zu kehren.
Ich war einstweilen mittels Patent vom 9ten April zum
Sousleutnant avanciert und als solcher bei der zweiten
Grenadier-Kompanie angestellt worden, daher ich mich
denn sofort zu meinem Bataillon verfügte, welches am
16ten April in der Gegend von Meißen Nachtquartier hatte.

Feldzug 1809

Die Grenadier-Kompanien der Regimenter Prinz Clemens
und von Oebschelwitz bildeten ein Bataillon unter den
Befehlen des Major von Hake vom Regiment König. Weder in seiner inneren Verfassung noch in seiner äußeren
Erscheinung genügte das Bataillon den Ansprüchen, die
man an eine wohl organisierte Truppe, geschweige denn
an eine Elite zu machen berechtigt gewesen wäre. Im
Feldzug 1807, welchem das Bataillon beigewohnt hatte,
hatten die Kompanien sehr viel Leute verloren, mehr
durch Krankheit und Desertion als vor dem Feinde und
zählten daher über $2/3$ Rekruten in ihren Reihen. Die Offiziere waren nicht vollzählig, denn so fehlten namentlich
sämtliche Hauptleute, welche teils in den Depots, teils
durch Krankheit zurück gehalten wurden und teilweise
erst später eintrafen. Die Bekleidung war mangelhaft,
besonders das wesentlichste Stück derselben für einen
Feldzug, die Capots, waren infolge des polnischen Feld-
zugs in dem erbärmlichsten Zustande; die Zierde der

Grenadiere, die Bärmütze, war abgelegt worden und an deren Stelle kleine dreieckige Hüte mit einem weißen Federstützchen getreten. Dies war die wenig glänzende Beschaffenheit des Bataillons, bei dessen 2ter Kompanie von Clemens ich meine Anstellung erhalten hatte und deren übrige Offiziere der Premierleutnant von Minckwitz und Sousleutnant von Kessinger waren.

Das sächsische Korps war am 16ten April aus der Umgegend von Dresden aufgebrochen, um als 9tes Korps der großen Armee unter dem Marschall Bernadotte zum französischen Heer zu stoßen, welches zu dieser Zeit in Bayern an der Donau dem österreichischen Heere entgegen rückte. Ich traf an diesem Tag bei dem Bataillon ein, welches in der Gegend von Meißen Nachtquartier hatte und mein erstes Debüt war, dass ich für die nächsten Tage auf Batteriewache kommandiert, mit der Artillerie marschieren musste. Unser March ging über Altenburg nach Weimar, wo das Korps einen Tag rastete. Mein Bataillon lag in Weimar selbst, wo sich das Hauptquartier befand und das mit Truppen angefüllt war. Ein Ball am Hofe, zu welchem sämtliche Offiziere eingeladen waren und bei dem ich mich entsinne Wieland gesehen zu haben, so wie eine Vorstellung von Wallensteins Lager im Theater bei freiem Eintritt füllten die beiden Abende, die wir in Weimar zubrachten, ganz angenehm aus. Besonders vergnügte mich die Vorstellung im Theater und gewiss wurde Wallensteins Lager nie vor einem passenderen und teilnehmenderen Publikum gegeben als hier, wo das ganze Haus nur mit Uniformen angefüllt war.

Hier in Weimar ging uns der Befehl zu, die Feldbinden abzulegen und obgleich nun, außer dem Portepee keine äußere Abzeichnung des Offiziers blieb, so entäußerten wir uns doch nicht ungern dieses, für uns unter jetzigen

Verhältnissen, etwas unbequemen Schmuckes. Unsere Equipage war bis auf eine Minimum reduziert worden und nur ein kleiner Mantelsack war uns für den Transport unserer Effekten erlaubt, so wie auch die früher den Offizieren zugestandenen Reitpferde weggefallen waren, so dass für uns Fußgänger jede Erleichterung im Anzuge ein Vorteil war. Die Gelegenheit, die sich uns in Weimar bot, unsere Feldbinden zu verkaufen, wurde zum Vorteil der dortigen Goldarbeiter nicht unbenutzt gelassen und das dafür gelöste Geld als ein willkommener Zuschuss zu den bevorstehenden Feldzug betrachtet.

Von Weimar aus wendete sich unsere Marschrichtung, indem wir von hier über Schleiz, Hof und längs der böhmischen Grenze hin über Wunsiedel nach Straubing marschierten, wo die Donau von uns überschritten wurde. Der Marsch wurde von Hof aus sehr beschwerlich, denn von hier an marschierten wir nur in größeren Kolonnen mit allen Vorsichtsmaßregeln wie in der Nähe des Feindes und wenn wir auch nicht eigentlich biwakierten, so kamen wir doch so dicht in die Quartiere, dass oft die kleinen Orte die Menge an Truppen nicht aufzunehmen vermochten und wir in Scheuern und unter freiem Himmel uns unser Lager bereiten mussten. Von Straubing aus folgten wir dem Lauf der Donau und die erste Division kam am 17ten Mai Nachmittags, nach einem sehr anstrengenden Marsch von Efferdingen aus, in Linz an. Hier lagerten wir uns ermüdet auf das Straßenpflaster und sollten eben einquartiert werden, als wir schleunigst wieder unter die Waffen treten mussten, um den im Gefecht begriffenen Württembergern unter dem General Vandamme zu Hilfe zu eilen, welche von den Österreichern auf dem linken Donauufer hart bedrängt wurden. Im Laufe ging es über die Donaubrücke, wohin schon die zweite Brigade uns vorangegangen war, doch war der Anteil, den unser Bataillon am Gefecht nahm, nur unbedeutend. Die Hauptbestrebungen der sächsischen Truppen, wenigstens der Infanterie, waren gegen den Pöstlingsberg gerichtet, auf welchem die Österreicher eine starke und feste Position genommen hatten. Unser Bataillon hatte die Bestimmung, diesen Angriff zu unterstützen und wurden vom Pöstlingsberg aus zwar mit lebhaftem Kanonenfeuer begrüßt, doch gingen die Kugeln alle zu hoch, so dass sie uns keinen Schaden zufügten. Mit der Einnahme des Pöstlingsberges war das Gefecht entschieden, die Österreicher zogen sich zurück und unser Bataillon wurde nebst andern Truppen zu den Vorposten bestimmt, wobei ich zum ersten Mal in meiner Dienstzeit so ganz in der Nähe des Feindes auf Feldwacht kam, wo weder ein Feuer angezündet noch das Gewehr aus der Hand gelegt werden durfte. Es war dies eine etwas unangenehme Nacht, denn nach dem höchst ermüdenden Marsch des Tages war uns keine Ruhe gegönnt worden und an Lebensmitteln hatten wir nichts, als was wir aus dem letzten Nachtquartier etwa noch bei uns führten.

Nachdem wir hier ein oder zwei Tage gestanden hatten, bezogen wir einen Biwak näher an Linz, wo der größte Teil der sächsischen Truppen lagerte und blieben hier bis zum 26ten Mai stehen. An diesem Tag erhielt das Bataillon gegen Abend plötzlich den Befehl aufzubrechen und nebst zwei Schwadronen Carabiniers nach Steyer zu marschieren zur Sicherung der dortigen Gegend gegen insurrektionelle Bewegungen, welche von der Steiermark her drohen sollten. Dem Befehl zu Folge brach dann das Bataillon Abends 8 Uhr aus dem Biwak bei Linz auf und nachdem wir die Nacht hindurch marschiert waren, erreichten wir Steyer des andern Tags früh 9 Uhr. Meines

Bleibens war jedoch hier nicht, denn ich wurde zur Deckung der rechten Flanke des Bataillons mit 15 - 20 Mann nach dem Dorfe Sarning entsendet, wo ich mich zwar außerhalb des Dorfes aufstellte und hier biwakierte, mich und mein Detachement aber mit allem Nötigen aus dem Dorfe versehen ließ. Die Dorfbewohner hatten große Angst vor uns und versorgten uns reichlich mit allen Bedürfnissen, so dass wir uns hier ganz wohl befanden. Ich benutzte, freilich etwas widerrechtlich, diese Furcht noch weiter, indem ich gegen das Versprechen, die strengste Disziplin zu halten, für jeden Mann meines Detachements Leinwand zu ein paar Pantalons requirierte und diese auch ohne alle Widerrede erhielt.

In dieser Stellung blieben wir bis zum 30ten Mai, an welchem Tag ich wieder zum Bataillon einberufen wurde, welches gegen Abend von Steyer aufbrach und bis gegen Enns marschierte, wo wir des Nachts um 1 Uhr ankamen. Am Morgen erhielten wir den Befehl, dem Korps, welches an diesem Tage, 31ten Mai, von Linz aufbrechen würde, als Vorhut zu diesen und denselben bis Amstetten vorauszugehen. Wir setzten uns daher gegen Mittag wieder in Marsch und erreichten nach einem heißen Tag Abends 9 Uhr Amstetten sehr ermüdet. Dieses kleine, zwei Stunden von den Donau entfernt liegende Städtchen, durch welches die Straße nach Wien führt, war ausgeplündert und fast von allen seinen Einwohnern verlassen. Ein Teil der Carabiniers war schon vor uns angelangt und hatte sich einquartiert. Unser Bataillonskommandant entschloss sich zu derselben Maßregel, teils um der ermüdeten Mannschaft Ruhe zu gewähren, teils auch weil ihm von dem dort anwesenden französischen Platzkommandanten versichert wurde, dass hier nichts vom Feind zu fürchten sei. Um jedoch einige Sicherheitsmaßregeln zu treffen, wurden die Tore der Stadt mit Wachen besetzt und eine kleine Feldwache auf der Straße nach Wien aufgestellt. An eine regelmäßige Einquartierung war natürlich nicht zu denken, die Kompanien wurden in den Straßen verteilt und jeder suchte sich dann ein Unterkommen so gut er konnte. Wir Offiziere der beiden Kompanien von Clemens waren zusammen in ein Haus gegangenen, was zwar noch bewohnt war, dessen Besitzer uns aber nichts weiter zu bieten hatte als etwas Stroh zu einem Lager. Bei unserer Ermüdung war uns dies das Willkommenste und nachdem wir von unseren mitgebrachten Lebensmitteln ein kleines Abendessen eingenommen hatten, streckten wir uns auf unsere Streu, wo der Schlaf nicht lange auf sich warten ließ.

Noch lagen wir im ersten Schlafe, als wir nach Mitternacht durch Schüsse aufgeweckt wurden, die in den Straßen des Städtchens fielen. Schnell sprangen wir von unserm Lager auf, fuhren in unsere Stiefeln und Kleider, denn wir hatten im Gefühl der Sicherheit es uns so bequem gemacht wie möglich und eilten zusammen der Türe zu. Vor dem Hause jedoch trennten wir uns in der Dunkelheit und jeder handelte nun auf seine eigene Hand. Ich bemerkte, wie aus einem der gegenüber liegenden Häuser 10 - 12 Grenadiere herauskamen, sprang sogleich zu ihnen hin und eilte mit ihnen den Ausgang der Straße, zu der Hauptstraße hin, zu besetzen, so dass wir an beiden Seiten an die Häuser anlehnten und meine Flanken vor den Angriffen der in den Straßen umhersprengenden Österreichischen Reiter geschützt waren. Sehr schnell wuchs mein kleines Häuflein durch sich anschließende Mannschaft zu einem ansehnlichen Trupp an, mit dem ich mir durch ein tüchtiges Feuer alle Angriffe vom Hals hielt. Da sah ich im Zwielicht einen Reiter auf mich ansprengen, von dem ich nur bemerken konnte, dass er keinen Hut trug und dunkelfarbig gekleidet war, während die mit uns im Orte befindlichen Carabiniers weiße Collets hatten und als Kopfbedeckung Hüte. In der Überzeugung, dass dies nur ein Österreicher sein könnte, befahl ich Feuer zu geben und augenblicklich stürzte das Pferd zusammen, der Reiter aber hob die Arme und rief: „Wollt ihr mich mit Gewalt tot schießen!" Meines traurigen Irrtums gewahr werdend, sprang ich nebst ein paar Mann dem Gefallenen zu Hilfe, zog ihn unter dem Pferd hervor und geleitete ihn hinter meinen Trupp. Es war, wie ich nun leider sah, der Major Lehmann von den Carabiniers, der seinen Hut im Gefecht verloren hatte und statt des weißen Collets einen dunkelfarbigen Spencer trug. Das Pferd war tot und der Major durch den Leib geschossen, doch beklagte er im Zurückführen nicht sich sondern nur seinen schönen Braunen. Ob er durch eine unserer Kugeln oder schon früher durch eine österreichische verwundet worden war, lasse ich dahin gestellt; natürlich hatte ich kein Interesse eine Erörterung hierüber herbeizuführen, indes wurde er von seiner Wunde glücklich hergestellt und starb erst im hohen Alter in Dresden. Mittlerweile hatte unser Haufen sich immer mehr vergrößert und auch der Bataillonskommandant hatte sich zu uns gesellt. Die Österreicher, Reiterei und Jäger, die wohl geglaubt haben mochten, das Hauptquartier in Amstetten zu überraschen, verließen den Ort, sobald wir ihnen in größeren Abteilungen Widerstand entgegen setzten und sie nun in den Straßen der Stadt nichts mehr ausrichten konnten. Es war schon ziemlich still im Ort geworden und wenigstens in unserm Wirkungskreis kein Feind mehr zu bemerken, als wir plötzlich in unserm Rücken Trompetenschmettern und Pferdegetrappel hörten, was uns im ersten Augenblick nicht wenig stutzig mach-

te, da wir einem Angriff von dieser Seiten entgegenzuse-
hen glaubten. Doch glücklicher Weise war dem nicht so.
Eine Abteilung Carabiniers, welche unter dem Leutnant
Seydlitz detachiert gewesen und auf dem Marsch nach
Amstetten begriffen war, hatte das Feuer gehört und
ganz richtig vermutend, dass wir der Hilfe benötigt sein
könnten, hatte der Leutnant Seydlitz seine Abteilung in
scharfen Trab gesetzt und durch Trompetenschall uns
seine Ankunft verkündigen wollen. Wir waren freudig
überrascht, unsere Befürchtungen sich so in das Gegen-
teil verwandeln zu sehen, ließen die Carabiniers durch
unsere Reihen hindurch und folgten ihnen so dann selbst
vor die Stadt, wo wir und aufstellten, während jene den
Spuren der nach der Donau zurückgekehrten Österreichern folgten, ohne diese jedoch zu erreichen.

Das Bataillon versammelte sich nun hier nach und nach,
so wie die Carabiniers, welche während des Gefechtes
mit ihren Pferden in den Ställen zurück geblieben waren,
da sie sonst dem Feinde einzeln in die Hände gefallen
wären. Der Major Hake umarmte mich, nannte mich
auch seinen Retter und verhieß mir den Orden, woraus
jedoch nichts wurde, denn der Marschall nahm die Nachricht von dem Überfall sehr ungnädig auf und ließ dem
unschuldigen Bataillon diese Ungnade sehr fühlbar mer-
ken, so dass er sogar auf späteren Märschen, wenn er
der Kolonne entlang ritt, weit in das Feld ausbog, sobald
er in die Nähe des Bataillons gelangte.

Nachdem das Bataillon versammelt war, konnten wir erst
unsern Verlust an Toten, Verwundeten und Gefangenen
übersehen, der nicht umbedeutend war. Von den mit mir
zugleich aus dem Haus getretenen Offizieren war der
Premierleutnant v.Stutterheim an Kopf, Händen und Armen durch Säbelhiebe bedeutend verwundet und der

Sousleutnant v.Kessinger gefangen worden. Von den Offizieren der Oeschelwitzer Kompanien war der Leutnant v.Gärtner schwer verwundet und starb noch im Laufe des Tages. Vom Feind fanden wir keine Toten und nur die auf seinem Abzugsweg bemerkbaren Blutspuren zeigten, dass es bei ihm wenigstens nicht ohne Verwundungen abgegangen war.

Sobald die ausgesendeten Patrouillen uns von dem Rückzug der Österreicher über die Donau vergewissert hatten, traten wir unsern Weitermarsch an und zwar diesmal mit großen, leider nur zu spät angewendeten Vorsichtsmaßregeln, wobei ich den ganzen Marsch über Feld und durch Gebüsch auf Seitenpatrouille zurücklegte. Erst gegen Abend langten wir in Ybbs an und wurden einquartiert, obgleich der Ort dicht an der Donau lag, indes wurde alle Anstalten getroffen, um keinem zweiten Überfall ausgesetzt zu sein und uns der so nötigen Ruhe sorglos überlassen zu können.

Am 2ten Juni gingen wir bis Melk, dieser prächtigen Benediktiner-Abtei, welche auf hohem Felsen an der Donau liegt. Zwar lagerten wir hier im Biwak, doch wurden wir Offiziere in der reichen Abtei bewirtet und ergötzten uns an der wundervollen Aussicht von der Terrasse des Klosters. Den 3ten Juni setzten wir unsern Marsch fort und bezogen am Fuße des Berges, worauf das Kloster Gottreich liegt, einen Biwak an der Straße von St.Pölten nach Mautern. Das an der Donau liegende Mautern war von unsren leichten Truppen besetzt, denen wir zur Unterstützung dienten, während das Korps am 4ten Juni eine Stellung bei St.Pölten bezog. Unser Bataillon trat hier unter die Befehle des französischen Generals Dupas, welcher mit mehreren Truppen hier zu uns stieß, wo wir bis zum 8ten Juni stehen blieben. In diesem Lager herrschte

Überfluss an Lebensmitteln und besonders an Wein, dessen übermäßiger Genuss nicht unbedeutende Unord-
nungen herbeiführte, welche besonders bei dem neben
uns liegenden Regiment Johann Dragoner hervortraten.
Württembergische Truppen lösten uns hier ab, worauf
wir ein Lager bei Regelsdorf, eine Stunde von St.Pölten
bezogen.

Bei dem Abmarsch von Gottreich erhielten die beiden
Kompanien von Clemens den Auftrag zu einer nächtli-
chen Expedition an dem Ufer der Donau, deren eigentli-
chem Zweck ich mich nicht mehr erinnere. Der Weg
musste bei Nacht und mit Vorsicht zurückgelegt werden,
da er dicht an dem Flusse hinführte, dessen anderes Ufer
von den Österreichern besetzt war und deren Kugeln das
diesseitige Ufer des hier nicht sehr breiten Flusses erreichten. Bei finsterer Nacht und in größter Stille zogen
wir an dem felsigen Ufer hin, welches in dieser Gegend
von bayerischen Truppen besetzt war. Ich hatte mich den
beiden Grenadieren der Spitze zugesellt, um bei den Posten, die wir zu passieren hatten, die Examination abzu-
kürzen, damit wir unsern Weg ohne längeren Aufenthalt
fortsetzen konnten. So gelangten wir an einen stärkeren
Posten, dessen Schildwache vor dem Gewehr unserer
Annäherung nicht eher gewahr wurde, als bis wir uns ihr
auf wenige Schritte genähert hatten. Jetzt, vielleicht aus
dem Schlummer erwachend, gewahrt uns die Schildwache plötzlich, ruft an, aber ohne die Antwort zu erwarten
und in der Meinung Feinde vor sich zu sehen, feuert sie
auch sogleich ihr Gewehr auf uns ab, doch glücklicher
Weise ohne jemand von uns zu treffen. Die im Schlaf ver-
sunkene Mannschaft der Wache sprang, von dem Schuss
erweckt, auf und ergriff ihre Waffen, um sich dem ver-
meintlichen Feind entgegen zu werfen, doch gelang es

mir durch Zurufen sie zu beruhigen und von weiteren feindlichen Demonstrationen abzuhalten.

Während das Korps bei St.Pölten stand erfolgte eine veränderte Formierung desselben, wobei aus jedem Regiment ein Bataillon wurde und die unverändert bleibenden Grenadierbataillone zu einer Brigade unter dem Generalmajor v.Hartitzsch zusammenstießen. Die hierdurch überzählig gewordenen Offiziere sollten den 12ten Juni unter General v.Boxberg nach Sachsen zurückgehen, um dort neue Bataillone zu bilden und einzuüben. Mein Vater war mit hierzu befehligt, daher ich ihn denn in seinem Lager bei St.Pölten aufsuchte, um Abschied von ihm zu nehmen.

Unsere Verpflegung war nicht regelmäßig, sondern wir waren zum Teil darauf angewiesen, unsern Bedarf uns durch Requisition aus den umliegenden Ortschaften selbst zu verschaffen. Wie sehr die Soldaten durch dieses Verpflegungssystem verwilderten zeigte sich recht deutlich bei unserm Aufbruch aus der hiesigen Gegend, welche am 11ten Juni ganz unerwartet erfolgte. Als das Bataillon sich zum Abmarsch stellte fand es sich, dass vielleicht 100 bis 150 Mann fehlten, von denen niemand wusste, wo sie waren und ohne welche dann das Bataillon den Marsch antreten musste. Ich wurde befehligt, im Lager zurückzubleiben, die fehlende Mannschaft zu sammeln und dann dem Bataillon nachzuführen, über dessen Marschrichtung mir indes keine genaue Weisung gegeben werden konnte. Nach einigen Stunden kamen meine Marodeurs nach und nach herbei, beladen mit allerlei Beute, die wahrscheinlich nicht immer bloß auf die unentbehrlichsten Lebensmittel beschränkt worden war. Mit ihnen war auch ein Mann, allem Anschein nach ein Schullehrer, mit seiner Frau angekommen, um von ihrem Eigentum wenigstens die Geschirre, oder was sonst möglich, zu retten. Diesen Mann sah ich, von meiner Baracke aus, mit verzweiflungsvoller Miene ein offen dastehendes Weinfass umkreisen und fortwährend, mit einem ihm von den Soldaten gegebenen Feldflaschendeckel aus dem Fass schöpfen und trinken. Ich hatte indes seinem Treiben nicht lange zugesehen, als mich das aus einer entfernten Baracke hertönende Geschrei der Frau über den Zusammenhang desselben mit dem lächerlichen Gebaren des Mannes aufklärte. Eilig begab ich mich nach der Baracke, woher das Geschrei ertönte und meine Klinge befreite schnell die Frau aus en Händen der Soldaten, die ich dem geängstigten Gatten zuführte mit dem Bedeuten, das Lager so schnell als möglich zu verlassen und mitzunehmen, was sie für ihr Eigentum erkennen würden. Erst spät am Abend hatte ich meine meine Mannhaft beisammen, von welcher aber der größte Teil betrunken war und brach mit ihr auf, um das Bataillon aufzusuchen. Da mir keine bestimmte Instruktion gegeben worden war, wo ich das Bataillon finden würde, so suchte ich die Straße nach Wien auf und marschierte auf derselben fort. Nachdem ich mehrere Stunden der Nacht diesen Weg verfolgt hatte ohne vom Bataillon etwas zu entdecken, fingen meine Leute an schwierig zu werden und erklärten laut, dass sie nun nicht weiter marschieren würden. Meine Lage war peinlich, doch gelang es mir meine Autorität aufrecht zu erhalten, indem ich ihnen ihr disziplinwidriges Benehmen hart verwies und ihnen bedeutete, dass nur ich darüber zu bestimmen hätte, wann und wo angehalten werden sollte, fand aber doch für gut nur noch eine kurze Strecke zurückzulegen und dann anzuhalten. Nach einer Ruhe von ein paar Stunden brach ich mit Tagesanbruch wieder auf und fand endlich das Bataillon nebst den anderen Truppen unter dem General

Dupas im Lager bei Sichartskirchen. Herzlich froh, mein unangenehmes Kommando beendigt zu sehen, verschwieg ich gern die Details davon bei der Meldung beim Bataillonskommandanten, der auch seinerseits das strafbare Benehmen der Mannschaft nicht weiter rügte.

Ein oder zwei Tage hatten wir bei Sichartskirchen im Lager gestanden, als das Bataillon befehligt wurde, nebst einem Detachement Carabiniers nach Bruck in Steiermark zu marschieren, um von dort einen bedeutenden Transport Getreide für das Korps zu eskortieren. Unser Weg führte uns nach dem Kloster Lilienfeld in Tal der Trassen, wo wir ungefähr am zweiten Marschtag ankamen und einen Tag verweilten. In diesem, am Fuße des Hochgebirges, wundersam gelegenen Zisterzienserabtei wurden wir von den Mönchen sehr gastfrei aufgenommen und weder Küche noch Keller wurden geschont, um uns unsern Aufenthalt so angenehm als möglich zu machen, da wir nicht im Kloster selbst wohnten, sondern die Nächte im Biwak zubringen mussten. Von hier aus ging unser weiterer Marsch über Türnitz, Annaberg, den berühmten Wallfahrtsort Maria-Zell und Aflenz bis in die Nähe von Bruck an der Mur. Die Großartigkeit der Natur in dem Hochgebirge, dass wir auf diesem Weg durchzogen, setzte mich zwar in Erstaunen, doch machte sie nicht den Eindruck auf mich wie in späteren Jahren, wo ich diese Gegend wieder sah. Damals sah ich mehr die Beschwerlichkeit des Übersteigens dieser Bergmasse als die Naturschönheiten, die sich auf jedem Schritt darbieten.

Ohne Bruck erreicht zu haben, übernahmen wir den uns entgegenkommenden Transport und traten ohne Aufenthalt unsern Rückmarsch an. Mit einer unendlich langen Kolonne kornbeladener Wagen kehrten wir nun den-

selben Weg zurück, den wir gekommen waren, was wegen der steilen Gebirgswege einige Schwierigkeiten hatte
und trafen den 25ten Juni wieder im Lager bei Sichartskirchen ein, wo wir an der Stelle der Division Dupas das
Korps antrafen, welches mittlerweile hier eingetroffen
war.

Während der Tage, die wir nun hier im Lager bei Sichartskirchen zubrachten, wurde ich einmal, um Lebensmittel herbeizuschaffen, mit einem Kommando entsendet und kehrte reichlich beladen mit aller Art dergleichen zu meinem Bataillon zurück, aber auch mit den
Verwünschungen der Dorfbewohner, wo ich meine Requisition ausgeführt hatte, da ich ihnen ihre letzten Sub-
sistentmittel entreißen musste. Ich entsinne mich, dass
mir hierbei eine Frau in Verzweiflung ihren Säugling vor
die Füße legte, mich auffordernd das Kind nun auch mitzunehmen, da sie es nicht mehr zu ernähren vermochte.

Am 2ten Juli brach das Korps aus dem Lager bei Sichartskirchen auf und rückte nach Wien vor, in dessen Umgebung es den folgenden Tag lagerte. Ich nebst einigen Kameraden nahmen Urlaub, um uns die Kaiserstadt zu be-
sehen, uns daselbst einen schönen Tag zu machen und
uns mit einigen dringenden Bedürfnissen zu versorgen.
Meine Equipage war in den traurigsten Umständen, besonders was die Fußbekleidung betraf. Strümpfe waren
mir längst ausgegangen und die Stiefeln versahen nur
noch mangelhaft ihren Dienst, so dass es für mich höchst
dringend war, die nötigen Bekleidungsstücke zu ergän-
zen, was dann auch in Wien geschah. So viel die Zeit es
erlaubte, wurde einige Merkwürdigkeiten Wiens bese-
hen, wie z.B. das Monument der Erzherzogin Christine,
Gemahlin des Herzogs Albert von Sachsen-Teschen, in
der Kapuziner-Kirche, der Palast des Herzogs Albert, wo,

wie ich mich entsinne, ein Sofa mit Flötenwerk uns höch-
lichst amüsierte und der Stephansturm erstiegen, was
zwar eigentlich nicht erlaubt war, uns aber zufällig gelang. Das hier oben vor unsern Blicken sich ausbreitende
Panorama erregte unsere ganze Bewunderung und erhielt dadurch noch eine besonderen Reiz, dass man die
Lager der beiden sich feindlich gegenüberstehenden
Heere übersehen konnte. Den übrigen Teil des Tages verbrachten wir uns alle Genüsse zu verschaffen, die Wien
uns bieten und unser Geldbeuten uns erlauben konnte,
blieben die Nacht in der Stadt und trafen den andern
Tag, 4ten Juli, wieder beim Bataillon ein, welches, wie das
ganze Korps, im Marsch nach der Lobau-Insel begriffen
war, die wir am Nachmittag betraten.

Auf der Insel wimmelte es von Truppen, die zu den auf
den folgenden Tag bestimmten Donauübergang hier versammelt wurden. Das sächsische Korps erhielt einen
Platz nahe an dem Arm des Flusses, der die Insel von
dem linken Ufer trennt. Nicht lange waren wir hier angekommen als der Kaiser Napoleon, den ich hier zum ersten mal sah, bei uns erschien, die nächst befindlichen
Truppen um sich versammelte und eine kurze Anrede
hielt, die mit den enthusiastischsten Lebehochs erwidert
wurde. Der Kaiser, einen Schimmel reitend, mit seinem
klassisch gewordenen kleinen Hut und grauen Überrock,
umgeben von einer Menge von Marschällen, Generals
und Offiziers in reichen Uniformen, machte einen tiefen
bleibenden Eindruck auf mich und noch immer steht diese Szene lebhaft vor meinen Augen. Kurz darauf wurde
das Bataillon unter die Waffen gerufen und marschierte
durch die Insel wieder zurück bis an die erste Brücke,
welche vom rechten Ufer nach der Insel führte. Wir
glaubten, dass wir hier auf Kähnen eingeschifft und in

der Nacht an dem feindlichen Ufer ausgesetzt werden sollten, doch wurde unsere Erwartung getäuscht, denn unsere Bestimmung war, wie sich später zeigte, die Brücke zu besetzen und die Ordnung auf derselben zu erhalten. Einstweilen nahmen wir die Baracken eines verlassenen Lagers in Besitz, wobei ich noch in einen sehr unerquicklichen Streit mit meinem Freund Wurmb, jetzigen pensionierten Major, geriet, weil unsere Diener dieselbe Baracke für uns in Besitz genommen hatten und keiner dem andern weichen wollte. Um uns die Zeit zu vertreiben nahmen wir Offiziere die Würfel zur Hand, unserm gewöhnlichen Zeitvertreib sobald sich nur die Gelegenheit dazu bot, selbst bei einem Halt auf dem Marsche, wo dann eine Trommel uns als Spieltisch diente. Meine Barschaft, die ohnedem in Wien sehr geschmolzen war, war bald verloren, worauf mir auf meine Klagen von den Kameraden der Trost gegeben wurde, dass ich vor heute Unglück habe, in der morgenden Schlacht desto mehr vom Glück begünstigt werden würde.

In der Nacht von 4ten zum 5ten Juli wurde von der Insel aus das auf dem linken Donauufer liegende Städtchen Enzersdorf beschossen und in Brand gesteckt und von österreichischer Seite das Feuer lebhaft erwidert. Während dieser Kanonade entlud sich über uns ein furchtbares Gewitter, wie ich kaum glaube je ein dergleichen erlebt zu haben und mischte seine ohne Unterlass sich folgenden Donnerschläge mit dem Krachen des schweren Geschützes. Dieses ungeheure Getöse, vereint mit den leuchtenden Blitzen des Himmels und der Geschütze, welche die rabenschwarze Nacht durchzuckten, so wie das brennende Enzersdorf, bildeten zusammen ein Schauspiel, das an Furchtbarkeit und Erhabenheit kaum seines gleichen aufzuweisen haben dürfte.

Mit Anbruch des Tages passierten noch lange Truppenzüge die Brücken, bei denen wir standen, unter andern das ganze bayerische Armeekorps, um sich nach dem Schlachtfeld zu begeben und das neu beginnende und sich immer mehr vermehrende Feuer der Geschütze von dort her benachrichtigte uns, dass die Schlacht im Gange sei. Bald kamen Verwundete, erst einzeln, dann in immer stärkeren Zügen, welche über die Brücken zurückgingen, so dass wir in Verein mit den aufgestellten französischen Gendarmen alle Hände voll zu tun hatten, um die Passage auf der Brücke frei zu erhalten und jede Verwirrung abzuhalten. Schwere mit Steinen belastete Schiffe, von den Österreichern dem Strom übergeben, um durch ihren gewichtigen Stoss die Brücken zu zerstören, kamen den Fluss herab geschwommen, aber den aufmerksamen und tätigen französischen Pontonniers gelang es sich derselben zu bemeistern und sie für die Brücken unschädlich zu machen. Der Zudrang zu den Brücken, sowohl von Verwundeten, Fuhrwerk und Tross aller Art, war immer stärker geworden, so dass es schwer wurde die Ordnung zu erhalten, da schien gegen Abend das Feuer der Schlacht, besonders auf dem linken Flügel der französischen Armee, sich dem Ufer der Donau immer mehr zu nähern. Ein panischer Schrecken hatte in Folge dessen den im Rücken der Armee weilenden Tross erfasst, der nun in Hast sich auf die Insel stürzte und nach den Brücken drängte. Eine ungeheure Verwirrung entstand unter dem Geschrei, dass der Feind nahe, das Bataillon trat schleunigst unter die Waffen und der nicht unmittelbar bei den Brücken befindliche Teil desselben musste im Laufschritt einer Verschanzung zueilen, welche auf der Mitte der Insel zum Schutz der darüber führenden Straße erbaut war und diese besetzen, in welcher auch Geschütze eiligst aufgeführt wurden. Indes zeigte es sich bald, dass nur ein blinder Lärm uns beunruhigt hatte, der zwar allerdings durch das Zurückweichen des französischen linken Flügels entstanden war, aber die drohende Gefahr überschätzt hatte. Die Ordnung wurde wieder hergestellt, der Strom der Zurückeilenden aufgehalten und nach ein paar Stunden konnten wir wieder in unser Lager an der Brücke zurückkehren.

Den folgenden Tag, 6ten Juli, an welchem die Schlacht bei Wagram von neuem entbrannte, war ich zur unmittelbaren Wache an der Brücke befehligt und hatte den ganzen Tag das traurige Schauspiel die sich immer vermehrende Menge der Verwundeten an mir vorüber ziehen zu sehen. Unter ihnen sah ich denn auch viel Sachsen und Bekannte und unter anderm mehrere Offiziere meines Regiments und auch meinen Vetter Gustav Mandelsloh. Während dieser Wache begegnete mir der eigentümliche Fall, dass ein französischer Soldat, der sich während der Nacht die Erlaubnis ausbat, sich mit an unser Feuer setzen zu dürfen, ganz gesund und munter schien und bald ruhig einschlief, den andern Morgen tot am Feuer lag. Nicht die geringste Verletzung war an ihm zu entdecken, so wenig wie irgend eine andere Veranlassung seines schnellen Todes, doch er war und blieb tot und wurde von uns begraben.

Die Schlacht war vorüber, die kämpfenden Heere entfernten sich vom Ufer der Donau, wir aber blieben auf unserer Insel zurück, wo in den ersten Tagen nach der Schlacht noch ein reges Leben herrschte, das aber mehr und mehr abnahm, bis es dann endlich nach Abschluss des Waffenstillstandes, am 12ten Juli, ziemlich still bei uns wurde. Außer unserm Bataillon war noch das Grenadier-Bataillon Winkelmann, aus den Grenadier-Kompanien der Regimenter Sänger und Low bestehend, auf der Lobau zurückgeblieben und hatte seinen Posten an der nach dem linken Ufer führenden Brücke. Mit diesem vereint versorgten wir nun den Dienst auf der Insel, der in der Bewachung der Brücken und verschiedenen auf der Insel gelegenen Verschanzungen und Batterien bestand. Wir, d.h. unser Bataillon, hatte ein anderes Lager mehr gegen die Mitte der Insel bezogen, wo ich mit dem andern Offizier der Kompanie, Leutnant Hausen, eine dürftige Baracke bewohnte, da uns das Material zur Erbauung einer besseren fehlte. Hausen war verlobter Bräutigam mit einem Fräulein v.Kracht und in jedem ruhigen Moment, den wir auf der Streu in unserer Baracke zubrachten, zog er das Porträt seiner Braut hervor, küsste es und unterhielt sich mit ihm, was denn sehr wenig zu meiner Unterhaltung diente und nur die Langeweile vermehrte, die uns hier quälte. Mehr aber noch als durch diese wurden wir von einer abscheulichen Art von Mücken gequält, von denen die Luft auf der Insel erfüllt war. Am Tag ließ die glühende Hitze der Julisonne keinen Schlaf zu und in der Nacht stürzten die blutrünstigen Mücken mit solcher Macht auf uns ein, dass es unmöglich war, in den Hütten zu bleiben oder an Schlaf zu denken. Das einzige Mittel, sich ihrer zu erwehren, bestand darin, dass wir uns stark rauchende Feuer anzündeten und uns dann in dem Rauch niederlegten. Die Lebensmittel waren uns nicht reichlich zugemessen, nur an Wein hatten wir Überfluss, den wir auf unsern Wachen als Tribut von den großen Transporten erhoben, welche für die Wiener Hospitäler die Insel passierten, doch hörten auch diese bald auf und mit ihnen unser Überfluss an Wein. Das schlechte Wasser, die sumpfige Umgebung, vielleicht auch die Ausdünstungen des nahen Schlachtfeldes, wohin wir die erste Zeit täglich Kommandos zur Beerdigung der Toten sandten, alles dieses trug dazu bei, Krankheiten hervor zu rufen, die auch nicht ausblieben. Täglich sendeten wir Transporte von Fieberkranken in die Hospitäler, was wieder eine neue Kalamität für die Zurückbleibenden wurde, indem durch die Verringerung der Diensttuenden der Dienst selbst immer anstrengender wurde. Während unsere Kameraden in und bei Preßburg in guten Quartieren sich wohl befanden, befanden wir uns auf unserer Insel nicht weniger als wohl und wenn auch jene in den beiden Tagen der Schlacht viel Leute durch feindliche Kugeln verloren hatten, so wurden unsere Reihen hier in noch höherem Maße durch Krankheit gelichtet.

Der Zutritt zu der Insel war streng verboten und die Instruktion unserer Wachen lautete in dieser Hinsicht sehr bestimmt. Eines Tages, wo ich die Wache an der ersten Brücke hatte, kam eine elegante Equipage aus Wien und wollte die Brücke passieren, wurde aber natürlich von meinen Schildwachen zurückgewiesen, worauf der reich betresste Livreejäger in eine Baracke kam, um im Namen seiner Herrschaft die Erlaubnis zu erbitten, nach der Insel hinüber fahren zu dürfen. Von mir ebenfalls abgewiesen, kam er bald darauf wieder, um mich in den höflichsten Worten dringend zu bitten, nur einen Augenblick zu seiner Herrin an den Wagen zu kommen. Ich folgte ihm und fand eine schöne, junge Frau, die mit der vollendetsten Grazie mir ihre Bitte noch einmal vortrug und so schön bat, dass ich nach langen Weigern endlich nachgab und die Erlaubnis zum Überfahren der Brücke erteilte. Als des anderen Tages unser, der französischen Sprache nicht sehr mächtige Adjutant von der Befehlsausgabe beim General Mouton, dem Kommandanten der Insel, zurückkam, erzählte er, dass der General sehr erzürnt geschienen hätte, doch wisse er nicht recht, um was es sich eigentlich gehandelt hätte. Ich konnte es mir wohl denken, schwieg aber still und lachte nicht wenig, dass acht Tage darauf der Befehl lautete: dass der in Arrest sich befindende Offizier des Bataillons seines Arrestes entlassen werden könnte.

Im Anfang des Monats August veränderten wir unser Lager ohne unsere Existenz wesentlich zu verbessern, außer dass wir das Material erhielten, uns etwas bessere Baracken zu bauen statt der Hütten, die wir bisher bewohnt hatten. Da wegen der immer wachsenden Anzahl von Kranken, wir den Dienst nicht mehr zu versehen vermochten, war ein badisches Regiment mit zur Besatzung der Insel herbeigezogen worden und wir lagerten nun im Verein mit diesen und dem Bataillon Winkelmann in der Nähe des linken Armes der Donau.

Die badischen Offiziere waren liebe, freundliche Leute, mit denen wir schnell in die besten kameradschaftlichen Verhältnisse traten. Der Profoß des Regiments hatte eine große bretterne Hütte erbaut, wo er Wein und Bier ausschenkte und in dieser versammelten wir uns des Abends heitere Stunden mit unseren badischen Freunden verbringend. Ich nahm jedoch nicht lange an diesen Versammlungen teil, denn wenig Tage nachdem wir das neue Lager bezogen hatten, ergriff auch mich das Wechselfieber und ich war genötigt, mich nach Wien bringen zu lassen. In ein Hospital wollte ich nicht gehen, das dort herrschende Hospitalfieber fürchtend und zog es vor, mir eine Stube zu ermieten und einen Zivilarzt anzunehmen. In der Vorstadt Wieden fand ich ein Hinterstübchen, das ich mit meinem Diener teilte, übergab mich der Behandlung eines Zivilarztes und nach ohngefähr 3 bis 4 Wochen war meine Krankheit gehoben, bis auf eine große körperliche Schwäche, die mir noch nicht erlaubte den Dienst wieder anzutreten. Ich blieb daher noch in Wien, um mich etwas zu erholen, konnte aber die Erholungszeit leider nicht so weit ausdehnen, als ich gewünscht hätte, denn die Mittel zu einem längeren Aufenthalt in Wien gingen mir aus, so dass ich in den ersten Tagen des September ohngefähr mich genötigt sah, mich wieder zum Bataillon zu begeben.

Während meines Aufenthaltes in Wien besuchte ich, kaum genesen, das Theater an der Wien, welches in der Nähe meiner Wohnung lag. Die Kreuzfahrer von Kotzebue wurden gegeben und die Rolle der Pilgerin darin von einem jungen sehr schönen Mädchen mit dem wundervollsten blonden Haar, dessen weiche Fülle in der Szene, wo die Pilgerin sich erkennen gebend den Pilgerhut abnimmt, in langen Flechten herab fiel. Diesem Zauber konnte mein achtzehnjähriges Herz nicht widerstehen, welches hier zum ersten Mal von Amors Pfeil getroffen wurde, so dass ich von diesem Augenblick an, wachend und schlafend, nichts träumte, als die wunderliebliche Gestalt der Schauspielerin mit den blonden Haaren. Indes hatte meine Leidenschaft keine weiteren Folgen, als dass ich das Theater, so oft ich nur konnte besuchte, um meine Schöne wieder zu sehen, doch kann ich mich nicht mehr entsinnen, inwieweit mir dies gelungen ist.

Zu meinem Bataillon zurückgekehrt fand ich hier vieles verändert. Das badische Regiment war abmarschiert und das Bataillon hatte nebst dem Bataillon Winkelmann ein Barackenlager am rechten Ufer der Donau zwei Stunden von Wien bei Kaiserebersdorf bezogen, von wo aus der möglichst beschränkte Dienst bei den Brücken und auf der Insel versehen wurde. Auch bei den Offizieren waren Veränderungen eingetreten. Schon bei Linz oder St.Pölten war ich von der 2ten zur 1sten Grenadierkompanie versetzt worden, deren Hauptmann, Pfaff, während meiner

Abwesenheit vom Bataillon aus Sachsen eingetroffen war. Anstatt des Leutnants Hausen, welcher eine andere Anstellung erhalten hatte, war mein Freund Goldacker zur Kompanie gekommen, bei der 2ten Kompanie hingegen waren die Offiziere, Premierleutnant Minckwitz und die Sousleutnants Wurmb und Einsiedel unverändert geblieben. Ich bewohnte mit Goldacker dieselbe Baracke, in der wir uns so gut als möglich einrichteten. Überhaupt suchten wir uns unsere einförmige Existenz so angenehm als möglich zu machen, wozu namentlich Hauptmann Pfaff sehr viel beitrug, der ein kluger, heiterer Mann und der angenehmste Gesellschafter war, den man finden konnte. Auf seine Veranlassung wurde in dem Zwischenraum zwischen unserm und dem uns zur Rechten stehenden Bataillon Winkelmann eine Gesellschaftsbude erbaut, deren Oberaufsicht mir und die niederen Geschäfte dabei meinem Diener übertragen wurden, da meine Baracke zunächst des Gesellschaftshauses lag. Hier waren wir Offiziere den größten Teil des Tages und besonders des Abends versammelt und suchten auf alle Weise uns die Zeit so gut als möglich zu vertreiben, wozu Karten und Würfel ganz besonders beitragen mussten. Eine große Hilfsquelle für uns war das nahe Wien, das dann auch häufig besucht wurde und von wo wir alle unsere Bedürfnisse bezogen. Zu jener Zeit war unter andern Vergnügungsörtern in Wien der so genannte Apollo-Saal, welcher damals Epoche machte und in Großartigkeit kaum seines gleichen wieder gehabt haben wird. Dieses Etablissement bestand aus immens großen Sälen, die zum Teil als Tanzsäle dienten, zum Teil in Gärten, ja man könnte sagen Parks mit Baskets, Grotten, Lauben u.v.m. umgeschaffen waren, teils auch in kleineren Sälen, die als Restaurationszimmer benutzt wurden und in verschiedener Weise dekoriert waren, als Zelte, Felsgrotten, mit

Säulen geschmückte Zimmer u.dergl. Rauschende Musik von abwechselnden Orchestern unaufhörlich unterhalten, taghelle Beleuchtung durch tausende Lichter und farbige Lampen, in andern Räumen wieder mildes Dämmerlicht und stille trauliche Plätzchen, überall Blumen, welche die Luft mit Wohlgerüchen durchdufteten, mit einem Wort eine feenartige Einrichtung, wo allen Sinnen gestreichelt wurde und in deren Räumen sich tausende von Menschen bewegten. Man versicherte, dass manche Nacht 10 bis 12.000 Billetts ausgegeben würden. Diesen Apollosaal besuchte ich dann auch in Gesellschaft mehrerer Kameraden und war es der Kontrast zwischen unserer stillen und mehr als einfachen Existenz in unserem Lager und dem hier herrschenden Luxus und dem Gewühl von fröhlichen Menschen; kurz ich träumte mich in einem Feenmärchen der Tausend und einen Nacht und werde den Eindruck der hier durchlebten Nacht nimmer vergessen.

Die kaiserlichen Lustschlösser in Schönbrunn und Laxenburg wurden gleichfalls von uns besucht, doch ist mir keine recht deutliche Erinnerung daran geblieben, nur dass ich mich noch dunkel der im mittelalterlichen Geschmack erbauten und eingerichteten Ritterburg von Laxenburg entsinne.

Durch den schlechten Stand der österreichischen Banknoten gegen Silber, worin wir unser Gehalt ausgezahlt erhielten, betrug mein Leutnantsgehalt gegen 100 Gulden monatlich, womit sich schon mancherlei beginnen ließ, doch langte es trotzdem immer nicht aus, um so oft als ich es wohl wünschte mich des Lebens in dem schönen Wien erfreuen zu können. Leider war es zum großen Teil meine Schuld, denn ungeachtet eines dezidierten Unglücks im Spiel konnte ich es doch nicht lassen, mich der sich täglich bietenden Gelegenheit dazu hinzugeben und so verlor ich das Geld, das ich jedenfalls besser hätte anwenden können.

Bis zu Anfang November blieben wir in unserm Lager und als die Rauigkeit der Herbstwitterung uns aus ihm vertrieb, bezogen wir in den nahe gelegenen Ortschaften Kantonierungsquartiere, wobei die beiden Kompanien von Clemens in das völlig zerstörte Ebersdorf zu liegen kamen. Indes fanden wir doch hier wenigstens heizbare Räume und richteten uns in denselben so gut es anging ein. Ich fand mein Unterkommen zusammen mit dem Premierleutnant von der Kompanie, Stutterheim, welcher von seiner in Amstetten erhaltenen Wunde wieder genesen beim Bataillon eingetroffen war, in einem Haus, das nichts bot als die leeren Wände und dessen Fenster wir notdürftig herstellen ließen, um nur einigermaßen vor Kälte geschützt zu sein. Der Dienst an den Brücken und auf der Insel dauerte fort und nahm mehr und mehr an Unbehaglichkeit zu, je kälter es wurde und je weniger unsere Wachhütten uns Schutz dagegen boten.

In der zweiten Hälfte des Monats November, ohngefähr den 19ten oder 20ten, nachdem wir den langweiligen Dienst auf der Lobau beinahe fünf Monate lang versehen hatten, traten wir nach dem geschlossenen Frieden zu Wien den Rückmarsch mit dem aus Ungarn zurückkehrenden Korps an, um vorläufig Kantonnements in der steiermärkischen und Österreichischen Gebirgen zu beziehen. Unser Marsch ging, so viel ich mich entsinne, in der Nähe von Wienerisch-Neustadt vorbei, dem Gebirge des Wiener Waldes zu. Während dieses Marsches warf mich ein erneuter Fieberanfall auf das Krankenlager, was um so unangenehmer war, als ich weiter transportiert werden musste und der Transport in den schon mit

Schnee bedeckten unwegsamen Gebirgen seine doppel-
ten Schwierigkeiten hatte. So wurde ich eines Tages, in
Betten wohl verpackt, auf einem Leiterwagen mit Och-
sengespann weiter geschafft und folgte, allein von meinem Diener begleitet, dem Bataillon später nach, weil ich
erst im vorigen Nachtquartier die Fieberstunden hatte
abwarten müssen. Langsam bewegte mein Fuhrwerk sich
vorwärts im tiefen Schnee, bis nach einigen Stunden des
Fahrens ich mich plötzlich umgeworfen und im Schnee
liegen sah. Nicht ohne Mühe wurde der Wagen von meinem Diener und dem Fuhrmann wieder aufgerichtet, ich
wieder darauf gepackt und der Weg in das Nachtquartier
fortgesetzt, wo ich zwar etwas spät ankam, doch ohne
dass der Unfall weitere nachteilige Folgen für mich gehabt hätte.

Das Bataillon, dessen Stab nach Dürnitz kam, erhielt seine Kantonnements an der Straße nach Maria-Zell, die wir
schon im Sommer auf unserem Marsch nach Bruck ken-
nen gelernt hatten. Die Kompanie, bei welcher ich stand,
erhielt die Quartiere in Wienerbruck, einem kleinen Ört-
chen zwischen Dürnitz und Annaberg in einem engen
wilden Gebirgstal. Ich bekam mit Goldacker zusammen
ein recht gutes Quartier bei einer jungen, zwar einäugi-
gen aber sonst ganz hübschen Witwe und genoss hier,
wo wir längere Zeit verweilten, gänzlich an meinem Fie-
ber, so dass ich in der letzten Zeit unseres dortigen Aufenthalts die nicht unbedeutenden Berge ersteigen konnte, um an den Vereinigungen der Kameraden in Dürnitz
Teil zu nehmen.

Unser Bataillons-Kommandant, Major v.Hake, war schon
auf der Lobau erkrankt und war bei unserm Abmarsch
von dort nach Sachsen zurück gekehrt in Folge, dass nun
der Major v.Bock vom Regiment Oebschelwitz das Kom-

mando des Bataillon übernommen hatte. Bei unserm Abmarsch aus dem Kantonnement bei Dürnitz, welcher Mitte Dezember erfolgte, verließ uns auch mein Hauptmann Pfaff und ging mit Urlaub nach Hause ebenfalls wegen Krankheit. Das Korps bezog in der zweiten Hälfte des Dezember anderweitige Kantonnements näher der österreichischen Grenze, wobei das Bataillon die seinigen in einem schönen, sehr weitläufigen Gebirgsdorf erhielt, dessen Namen ich mich nicht mehr entsinne, so wenig als selbst der Gegend, in welcher es lag. Nur so viel weis ich, dass unser damaliges Kantonnement in dem Gebirge von Oberösterreich nahe der steiermärkischen Grenze war.

Unser Marsch dahin ging über Maria-Zell, was mir noch deshalb erinnerlich ist, weil ich hier mit Goldacker zusammen bei dem Superior der Geistlichen in das Quartier kam, welche den Dienst bei dem wundertätigen Marienbild zu versehen hatten. Dieser Superior war ein gemütlicher Mann, bei dem wir uns sehr wohl befanden. Er zeigte uns die Schätze seiner Kirche, von denen indes viel, das Meiste und Wertvollste, weggeschafft worden war, um es den Händen der Franzosen zu entziehen und tat alles mögliche, uns den Aufenthalt bei sich angenehm zu machen, was ihm auch vollständig gelang. Bei dem Marsch durch das Gebirge, durch welches unser Zug ging und der sehr viel beschwerliches in der jetzigen Jahreszeit hatte, hatten wir täglich ein Schauspiel, das mir immer unvergesslich bleiben wird. Da wir bei den kurzen Tagen stets früh im Dunkeln ausmarschieren mussten, so kamen unsere Soldaten aus ihren zerstreut in den Bergen liegenden Quartieren mit Kienfackeln auf den Sammelplatz und wenn man nun diese vielen wandernden Lichter so von allen Seiten von den Bergen herabkommen sah, gab dies einen Anblick, der in seiner Art einzig und wahrhaft schön war.

In dem Kantonnement selbst lag ich mit Stutterheim und Goldacker zusammen in einer Sensenschmiede, deren über alle Begriffe furchtbarer Lärm uns zwar täglich zu sehr früher Stunde weckte, wo es uns aber übrigens sehr wohl ging. Unser Aufenthalt dauerte indes nicht sehr lange, denn im Anfang des Januar traten wir den Rückmarsch in das Vaterland an, was uns mit umso größerer Freude erfüllte, als in der letzten Zeit sich das Gerücht verbreitet hatte, dass unser Korps nach Spanien bestimmt sei, was sich nun als ungegründet erwies.

Der Rückmarsch ging über Braunau, Straubing, Amberg, Bayreuth, Hof, Schleiz auf Erfurt nach Langensalza, wo wir in der Mitte des Monats Februar eintrafen und der übrige Teil des Regiments schon vor uns angekommen war. Während dieses Marsches hatten wir viel von strenger Kälte zu leiden, so dass ich mir die Füße erfror, die zwar durch schnell angewendete Schneebäder wieder hergestellt wurden, wovon mir aber ich jetzt die Nachwehen geblieben sind. An der sächsischen Grenze trennte sich das Bataillon, wenn ich nicht irre bei Hof; die Greandierkompanien von Oebeschelwitz marschierten nach ihrer Garnison, wie wir nach der unsrigen, bis wohin mir dann von hier aus das Amt des Quartiermachers übertragen wurde.

An
Se des kommandierenden Herrn General
von Zezschwitz
Hochwohlgebr:

Ganz gehorsamster Rapport

Ew: Hochwohlgebr: hat bereits der Major von Raisky den
Überfall der feindlichen Truppen auf Amstetten ganz gehorsamst gemeldet und ich halte mich verpflichtet, denselben ebenfalls meine ganz gehorsamste Meldung über
diejenigen näheren Umstände, welche mir davon bekannt sind, ganz gehorsamst zu erstatten.

Ich rückte gestern Abend nach 9 Uhr in Amstetten ein,
die Kavallerie war eine Stunde früher eingerückt, weil ich
derselben wegen der großen Hitze und Ermüdung der
Truppen nicht folgen konnte und genötigt war 1 $1/2$ Stunden Halt zu machen. Ich machte mich sogleich vor der
Stadt mit der umliegenden Gegend, so viel als möglich zu
übersehen war, bekannt und war entschlossen gleich
nach dem Einrücken auch dies auf der anderen Seite zu
tun, als der vorausgeschickte Offizier mir entgegen kam
und mir meldete, dass der Major von Lehmann befohlen
habe, dass ich 3 Unteroffiziers und 30 Mann zum Dienst
geben sollte, wovon in jedem der 2 Tore 1 Unteroffizier
und 10 Mann und zu einem avancierten Posten ebenfalls
1 Unteroffizier und 10 Mann angewendet werden sollten.

Ich konnte mich nicht enthalten zu äußern, dass diese
schwache Wache mit den anbefohlenen Sicherheitsmaßregeln nicht übereinstimme und ich gesonnen sei, auf
der Anhöhe vor dem Orte zu biwakieren, worauf mir der
gedachte Offizier sowohl als der Major v.Lehmann versicherten, dass der französische Platzkommandant diese

Anordnung getroffen und alle Furcht für einen feindlichen Überfall für unnötig und einen Übergang über die
Donau für unmöglich erklärt hätte; ich sollte also in den
Ort einrücken und die Truppen nicht unnötig fatiquieren.
Die Wache traten also in der angeordneten Maße auf
und ich bestimmte den Sammelplatz meines Bataillons
auf der Gasse, die von dem Ennser nach dem Wiener Tor
zu führt, wo ich auch ein Piquet von 1 Offizier und 50
Mann aufstellte.

Es mochte ungefähr $3/4$ auf 1 Uhr sein, als ich 6 bis 8 Flin-
tenschüsse hörte, denen, noch ehe ich Säbel und Hut ergriff, noch mehrere folgten. Ich ergriff 2 Pistolen und
wollte zum Haus heraus eilen, als sehr heftig an die Tür
desselben geschlagen wurde, ich glaubte, dass mein
Quartier bereits dem Feind verraten sei und eilte zurück
an das Fenster, wo ich den Korporal Hoyer von der 1sten
Grenadier-Kompanie Prinz Clemens erblickte, welcher
schon einige Leute vor meinem Quartier gesammelt hatte. Ich stellte sogleich einige davon in den Ausgang der
Straße von Steier und befahl diesen auf's hartnäckigste
zu verteidigen, um mir meinen Rücken zu decken, holte
so dann den neben mir liegenden Tambour und befahl
ihm, durch die von meinem Quartier nach dem Sammelplatz führende enge Gasse u.s.w. fort Lärm zu schlagen.
Ich folgte ihn mit der übrigen Mannschaft und fand am
Ausgang dieser Gasse bereits den Leutnant von Mandelsloh, welcher mit der wenigen gesammelten Mannschaft
durch ein heftiges Feuer mit der größten Bravour sowohl
den Eingang dieser Gasse defendierte als auch das Vor-
rücken des Feindes von dem Wiener Tore her verhinder-
te. Ich ließ nun diejenige Mannschaft, welche sich sehr
schnell bei mir versammelt hatte, am Eingang der Gasse
aufmarschieren, befahl dem Adjutant Schmidt, welcher

sich ganz besonders brav und tätig bewies, die hinter mir versammelte Mannschaft teils zur Deckung meines Rückens teils zu meiner Verstärkung zu ordnen und ich ließ, so wie mehrere Leute ankamen, dieselben mit den Rücken an die Häuser lehnen, um vor der Kavallerie gesichert zu sein und auf die teils sich zurückziehenden, teils vorrückenden feindlichen Truppen zu feuern. Bei dieser Gelegenheit war es, wo ein Kaiserlicher Jäger auf mich lossprang, der Grenadier Schieferdecker von der 2ten Grenadier-Kompanie Regiments v.Oebschelwitz sprang ihn mit gefällten Bajonett entgegen, traf aber mit dem Stoß auf den Patronentaschenriemen und erhielt von jenen mit dem pallaschartigen Bajonett zwei Hiebe über den Kopf, worauf er auf die Seite sprang und nach mir schoß, ich aber erschoß ihn in den nämlichen Augenblicke mit der Pistol. Fast zu der nämlichen Zeit hörte ich in meinem Rücken Kavallerie mit einem heftigen Geschrei ankommen, ich glaubte mich umgangen, machte die nötigen Anstalten und Miene Leute wollten eben Feuer geben, als ich die Stimme des Leutnants v.Seydlitz vom Carabinier-Regiment erkannte. Dieser brave Offizier hatte auf seinem Marsche von Steyer hierher das kleine Gewehrfeuer gehört und kam im gestreckten Galopp zum Soutien mit dem Geschrei an „Platz gemacht und vorwärts". Ich folgte ihn mit meinen Grenadiere nach und auf die Art reinigten wir die Straße vom Feind, welcher eiligst die Flucht nahm, worauf wir beiderseits auf einer Anhöhe gleich vor dem Tore rechts der Straße, welche von Enns nach Amstetten führt, aufmarschierten, worauf die übrigen Truppen zu uns stießen.

Der Feind hatte den Angriff in zwei Kolonnen, die eine aus Jägern bestehend zum Ennser Tor hinein ausgeführt, wo er die Posten umgangen und die Wacht, welche Feuer

gegeben, zusammen gehauen und fast alle tödlich blessiert hatte. Diese Jäger hatten an die Haustüren geklopft
und geruht: „Sachsen heraus". Die 2te Kolonne, aus Husaren und Ulanen bestehend, kam zum Wiener Tor herein,
der ersten entgegen, mit dem Geschrei: „Fußjäger vorwärts".

Der Major von Lehmann wurde mitten im Gefecht, kaum
10 Schritt von mir, das Pferd erschossen und er selbst
verwundet.

Von meinem Bataillon ist der Premierleutnant von Gärt-
ner mit 4 Hieben in den Kopf, der Premierleutnant von
Stutterheim mit einem Hieb in den Kopf und 8 an Händen und Armen blessiert. Der Sousleutnant von Kessinger wird vermisst. Der eigentliche Verlust der Gemeinen
kann bis jetzt noch nicht bestimmt werden, da die Mannschaft von allen Kompanien meliert, so wie sie sich gesammelt haben, auf verschiedenen Posten verteilt sind.
Bis jetzt haben sich 4 Tote und 21 Blessierte, wovon viel
sehr schwer sind, gefunden.

Besonders verpflichtet halte ich mich, E. H. den Leutnant
von Seydlitz vom Carabinier-Regiment wegen seiner Bravour und einsichtsvollen Benehmen, von welchen ich
schon letzthin, als derselbe bei mir in Steyer kommandiert stand, Beweise erhalten habe, ganz gehorsamst zu
empfehlen, so wie die von meinem Bataillon genannten
Offiziere, ingleichen den Korporal Hoyer, den Grenadier
Schieferdecker und Tambour Volk, welcher Letztere meinen Befehl zum Lärmschlagen auch mitten unter dem
feindlichen Feuer befolgte, ungeachtet derselbe viel fla-
che Säbelhiebe von der feindlichen Kavallerie erhielt und
besonders dadurch den Feind stutzig machte. Den Grenadiers muss ich das pflichtmäßige Zeugnis geben, dass

dieselben ungeachtet sie durch diesen unerwarteten Überfall aus dem ersten Schlaf aufgeweckt wurden, sich schnell und mit Ordnung um mich sammelten und mit der größten Kaltblütigkeit fochten. Zu meiner größten Beruhigung sind es nur sehr wenige, welche sich, nachdem wir uns aus der Stadt gezogen hatten, bei mir ohne Gewehr und Tasche unter der Entschuldigung meldeten, dass sie sehr im Gedränge gewesen und dasselbe wegwerfen müssen; ich habe ihnen vorm ganzen Bataillon die Schändlichkeit ihres Betragens, durch welches sie mich und ihre braven Kameraden verlassen haben, zu erkennen gegeben und ihnen erklärt, dass der Soldat sich nur von seinem Gewehr dann trennen könne, wenn er tödlich blessiert und dass es die größte Ehre sei, mit der Waffe in der Hand zu sterben. E. H. bitte gehorsamst mir zu erlauben, ihnen entweder auf eine gewisse Zeit oder bis sie sich auszeichnen, die Seitengewehre abnehmen zu dürfen. Ich hoffe, dass dieses Mittel den besten Eindruck machen wird, weil schon heute einer von ihnen, den ich öffentlich beschämt, sich als Freiwilliger zu einer dem Feinde nachgeschickten Patrouille meldete.

Nach Aussage der gemeinen Mannschaft haben sich die Einwohner in Amstetten schändlich betragen. Sie haben nicht allein die Häuser fest verschlossen und verriegelt, um die Leute nicht heraus zu lassen, sondern sie sollen auch durch Händeklatschen ihre Freude bezeigt und sogar durch die Fenster geschossen haben. Von den 6 - 8 feindlichen Toten, welche wir bei unserm Ausmarsche auf der Straße liegen sahen, fand man, als eine Patrouille vorgeschickt wurde, keinen einzigen mehr, weil sie alle von den Einwohnern weggeschafft worden waren.

Biwak bei Amstetten am 1sten Juni 1809   von Hake,
Major

Der Zeitraum zwischen den Feldzügen 1809 und 1812

Bei meiner Rückkehr nach Langensalza im Februar 1810 fand ich, wie schon gesagt, die übrigen Teile des Regiments bereits angekommen und mit diesen auch meinen Vater, welcher den Feldzug in Sachsen unter Thielmann beigewohnt hatte. Die Familie hatte sich indes um ein Mitglied vermehrt, da meine älteste Schwester, Emelie, während meiner Abwesenheit das Licht der Welt erblickt hatte. Aus diesem Grunde war auch für mich kein Platz im elterlichen Hause und ich bezog ein kleines Quartier, der Wohnung meiner Eltern gegenüber. Es begann nun für mich eine Periode, die ich mit zu den angenehmsten meines Lebens zähle, die aber leider nur von kurzer Dauer war und mitunter Unterbrechung erlitt, weil in Folge der auf dem Marsch erfrorenen Füße ich oft genötigt wurde, das Zimmer zu hüten. Die Zerwürfnisse, welche seit dem Jahr 1806 zwischen Militär und Zivil bestanden hatten, hatten sich ausgeglichen und die Aussicht, dass bei der bevorstehenden Reorganisation der Armee das Regiment seine Garnisonen verlieren würde, in denen es seit 100 Jahren gestanden hatte, trug dazu bei, dass beide Teile sich mit Zuvorkommenheit einander entgegen kamen, um in möglichst gutem Einvernehmen voneinander zu scheiden. Bälle, Gesellschaften, Eispartien im Winter, und Landpartien beim eintretenden Frühling waren an der Tagesordnung, wozu zu meinen Gunsten für mich noch der Umstand hinzu trat, dass ich durch die Verwandtschaft meiner Stiefmutter in vielen Häusern gleichsam zum Familienmitglied wurde. Damit in dieser angenehmen Periode auch kein Reiz fehlte, der das Leben verschönen kann, so erwachte bei mir eine lebhafte Neigung zu einem jungen, schönen Mädchen, Emelie Gräser, von welcher meine ihr dargebrachten Huldigungen zum wenigsten nicht zurückgewiesen wurden. Immer noch gedenke ich jener längst geschwundenen Zeit mit einer gewissen Sehnsucht; es war die Blütezeit meines Herzens die nur einmal im Leben uns erscheint und nie wieder. Als ich im Jahr 1816 aus Frankreich zurückkehrte, fand ich Emilie verheiratet mit einem Herrn Göthel, der noch jetzt als Konsistorialpräsident in Berlin lebt und mit dem sie eine wenig glückliche Ehe geführt haben soll. Sie starb kinderlos schon vor mehreren Jahren in Naumburg, wo ihr Mann abgestellt war. Ich habe sie nach meinem Abmarsch aus Langensalza im Mai 1810 nur ein einziges Mal wieder gesehen und zwar im Jahre 1814, wo ich einige Tage in Langensalza war, um meinen Vater zu besuchen und damals noch in ihrem seelenvollen Blick zu lesen glaubte, dass sie noch immer sich jener schönen Tage erinnerte, in denen wir uns zuerst sahen.

Die Armee erhielt eine neue, zeitgemäße Organisation, welche mit dem Monat Mai in Kraft treten sollte. Die zeitherige Bewirtschaftung der Kompanien durch die Capitaines hörte auf, der Staat übernahm dieselbe unmittelbar und die Gehaltsverhältnisse der Offiziere wurden dementsprechend geändert. Mein Leutnantsgehalt wurde dadurch von 11 auf 15 Taler erhöht. Vier Infanterieregimenter wurden aufgelöst und in die bleibenden verteilt dagegen die schon in Österreich errichteten beiden Schützenbataillone zu zwei Regimentern leichter Infanterie formiert. Viele Offiziere, die zu alt oder zu kränklich für den Dienst waren, wurden entlassen und die dadurch entstehenden und bereits vorhanden Vakanzen durch Einschub aus den eingehenden Regimentern ersetzt, wodurch unser Regiment, ich glaube, 17 fremde Offiziere erhielt, welche größtenteils meine Vorderleute wurden, so dass meine Hoffnung auf Avancement sich nicht erfüllte. Zwei und zwei Regimenter wurden zu einer Brigade vereinigt, wobei das Regiment Prinz Clemens mit dem Regiment Prinz Friedrich die Brigade des Generals Steindel bildete. Die Grenadierkompanien der eine Brigade bildenden Regimenter wurden zu stehenden Grenadierbataillons vereinigt, so dass jede Brigade aus 5 Bataillons bestand, welche gleichfarbige Aufschläge trugen, während das eine Regiment gelbe, das andere weiße Knöpfe führte. In Folge davon verloren wir unsere dunkelblauen Aufschläge mit Gold und erhielten dafür grün mit Silber. An die Stelle des Hutes trat der Tschako und die kurzen Beinkleider und langen Gamaschen mussten langen Hosen und kurzen Gamaschen weichen. Die Offiziere erhielten Epauletts nach den in der französischen Armee eingeführten Gradabzeichnungen. Die Grenadiere bekamen zur Auszeichnung rote Federstütze wogegen die zeitherigen Bärmützen gänzlich abgeschafft wurden, außer bei dem Garde-Grenadier-Regiment. Als künftige Garnison erhielt das Regiment Clemens Leipzig und Eilenburg angewiesen und das Grenadierbataillon der Brigade, unter Kommando des Major von Liebenau vom Regiment Friedrich, wurde nach Wittenberg gelegt.

Mit Beginn des Monats Mai verließ das Regiment seine alten thüringischen Standquartiere und marschierte nach seinen neuen Garnisonen. Ich war bei allen diesen Veränderungen bei der 1sten Grenadierkompanie stehen geblieben, deren Hauptmann jetzt v.Hopfgarten wurde. In der neuen Garnison Wittenberg bezog ich mit einem erst jetzt zum Regiment versetzten Offizier, Leutnant v.Ende, mit dem ich mich schnell befreundet hatte, dieselbe Wohnung. Er war vom aufgelösten Regiment Oebschelwitz zu uns gekommen und war ein lebensfroher, gutmütiger Mensch, der aber leider schon im folgenden Jahr in

Wittenberg am Nervenfieber verstarb. Unter den Offizieren der Grenadierkompanien des Regiments Friedrich waren mehrere, die ich schon davon den Kadetts her kannte, wie Klotz, die beiden Brüder Przygrodzki und Scheubner, und mit den übrigen stellte sich bald ein ganz angenehmes kameradschaftliches Verhältnis her. Scheubner, den ich zu meinen liebsten Freunden zählte und der bei den Kadetts in allen Klassen mein unmittelbarer Nachbar gewesen war, ertrank leider noch in diesem Sommer beim Baden in der Elbe vor meinen Augen. Er hatte den Fluss schon einmal überschwommen und wollte es zum zweiten Mal unternehmen, da mochten ihn die Kräfte verlassen oder welche andere Ursache es war, kurz wir hörten ihn nach Hilfe rufen, sahen wie er gegen den Strom kämpfte und endlich unterging, ohne dass wir im Stande waren ihn zu retten. Vom Regiment waren meine genauesten Freunde, wie Stutterheim, Wurmb, Einsiedel und Goldacker ebenfalls bei den Grenadiers geblieben, so das also in kameradschaftlicher Beziehung kaum etwas zu wünschen übrig blieb. Mit den Studenten der Universität machten wir uns bald bekannt und waren besonders mit einem Teil derselben, der sich zu keiner der bestehenden Studentenverbindungen hielt, auf dem freundschaftlichstem Fuss; mit einem Worte, wir gefielen uns in unserer neuen Garnison schon wohl, führten aber im Allgemeinen ein ziemlich lockeres Leben, welches mit unseren Mitteln nicht immer in Verhältnis stand. Doch wurde nicht alle Zeit dem Vergnügen gewidmet, die der Dienst uns frei ließ, sondern mehrere von uns, worunter auch ich, benutzten die Gelegenheit einigen Vorlesungen an der Universität beizuwohnen und zwar namentlich die, welche der Professor Pölitz über Geschichte vortrug. Pölitz war früher Lehrer im Kadettenhaus gewesen, daher er von uns gekannt war und wir setzten diese Bekanntschaft fort, indem wir zuweilen die Abende bei ihm verbrachten.

Im Herbst des Jahres wurden wir auf kurze Zeit in der Nähe unserer Garnison in Kantonnements verlegt, um gemustert zu werden, was durch unsern Divisionär Generalleutnant von Lecoq geschah. Bei dieser Musterung meldete mein Vater sich um seine Entlassung. Der Aufenthalt in Leipzig hatte meiner Stiefmutter durchaus nicht zusagen wollen, die Sehnsucht nach Langensalza wurde zu mächtig, so dass mein Vater nachgab und sich nach erhaltener Entlassung wieder nach Langensalza zurück begab, wo er dann auch bis an das Ende seines Lebens blieb.

Bei der neuen Organisation der Armee war das frühere Wirtschaftssystem, nach welchem die Capitaines die Wirtschaft ihrer Kompanien auf eigene Rechnung führten, aufgegeben und die Administration vom Stabe übernommen worden. Regimentsquartiermeister besorgten unter Autorität eines Stabsoffiziers, Wirtschaftschef, die Administration der Regimenter und bei den vom Regimentsstab entfernten Truppenteilen wurden Offiziere mit diesen Geschäften beauftragt. Ich war ein solcher Beauftragter für die beiden Grenadierkompanien des Regiments und in dieser Eigenschaft war es wohl auch, dass ich gegen Ende des Jahres nach Dresden gesendet wurde, um dort im Zeughaus für das Bataillon neue Gewehre in Empfang zu nehmen. Mit war dieses Kommando sehr angenehm, da es mit Gelegenheit gab, meine Mutter wiederzusehen und einige Tage bei ihr zu verweilen. Auf dem Rückweg von diesem Kommando erkrankte ich indes und kaum in Wittenberg angekommen zeigten sich die Masern, die mich geraume Zeit auf dem Krankenlager festhielten und selbst mein Leben in Gefahr brachten.

In diese Zeit meines Aufenthalts fällt die einzige Duellge-
schichte meines Lebens, die aber einen ganz unblutigen
Ausgang nahm. Es war damals gebräuchlich, dass wir Offiziere, selbst auf der Parade, kleine Spielstöcke, so genannte Badinen, führten. Mit einem solchen versetzte
mir der damalige Leutnant Beck, jetzt pensionierter Major in Dresden, aus Scherz einen leichten Schlag in einem
Kaffeehause, wo er eintrat ohne von mir gesehen zu
werden. Über diesen unerwarteten, an sich unbedeutenden Schlag erschrak ich indes dermaßen, dass ich außer mir mich umdrehte, Beck bei der Brust fasste und
allen Ernstes mit meinem Stöckchen auf ihn zuschlug.
Hieraus entstand dann von seiner Seite eine Aufforde-
rung, welche angenommen wurde und das Duell sollte
nun auch augenblicklich ausgeführt werden. Schon standen wir mit gezogenem Degen kampfbereit uns gegenüber, als die übrigen anwesenden Offiziere, andere Personen waren glücklicherweise nicht gegenwärtig, durch
ihr Zureden: dass da der Grund des Zwistes doch unmöglich ernst gemeint gewesen sein könnte, eigentlich keine
Beleidigung vorliege, uns beruhigten, worauf wir uns die
Hände reichend gegenseitig versicherten, dass wir nur
hätten Scherz treiben wollen und nach wie vor die besten Freunde blieben.

Den Winter verlebten wir ruhig in Wittenberg und suchten uns, so viel möglich zu vergnügen, wozu sich uns hinlänglich Gelegenheit bot, mit dem Jahre 1811 aber begann für uns eine Zeit der Anstrengung und der Unruhe.
Schon mit Beginn des Frühlings verließen wir unsere
Garnison, um bei dem Festungsbau in Torgau verwendet
zu werden, wozu mehrere Bataillons versammelt wurden, welche von Zeit zu Zeit durch andere abgelöst wurden. Die Vereinigung so vieler Truppen, die Tätigkeit,

welche der Festungsbau herbeiführte, veranlasste in Torgau ein reges Leben, was in militärischer Hinsicht von großem Interesse war, aber auch unsere Kräfte nicht wenig in Anspruch nahm. Die Kompanie, bei welcher ich stand, lag in Zinna, bald eine Stunde von Torgau entfernt, wohin wir uns täglich mit Tagesanbruch zur Schanzarbeit begeben mussten, welche bis in die späten Nachmittagsstunden fortgesetzt wurde, bis das der Mannschaft aufgegebene Pensum aufgearbeitet war. Hiermit war aber unser Tagwerk nicht beendigt, denn sobald wir Abends wieder zu Hause angekommen waren, wurde das Gewehr zur Hand genommen und exerziert, ja selbst häufig das Bataillon vereinigt, wo wir dann bis auf dessen Exerzierplatz am großen Teich, wieder wie große Strecke zurückzulegen hatten. Revuen füllten die Sonntage aus, so dass in der Tat zur Ruhe nicht viel Zeit übrig blieb, aber dennoch waren unsere Leute unverdrossen und fröhlichen Mutes.

Die beiden Gasthöfe in Torgau wimmelten stets von Offizieren und oft war kaum Platz vorhanden, um alle die hungrigen Gäste zu setzen. Den ganzen Tag und auch bis spät in die Nacht fand man hier Gesellschaft, welche zum größten Teil ihre Zerstreuung an den Spieltischen suchte. Leider beteiligte auch ich mich öfters, dabei zum großen Nachteil meines Geldbeutels und es war ein Glück, dass der Dienst Zeit und Kräfte so sehr Anspruch nahm, um den Besuch dieser Gesellschaften nur selten zu gestatten.

Nachdem wir ein paar Monate bei Torgau an dem Festungsbau Teil genommen hatten, wurde die Brigade Steindel in der Gegend von Oschatz und Riesa in einem Kantonnement versammelt, wobei ich oberhalb Riesa an der Elbe in ein Dorf zu liegen kam, dessen Namen ich mir jedoch nicht mehr entsinne. Der Exerzierplatz der Brigade war auf dem Mautitzer Lehden zwischen Riesa und Oschatz und mehr als zwei Stunden von meinem Dorf entfernt. Mit Anbruch des Tages wurde aufgebrochen und niemals kamen wir vor Mittag wieder in unser Kantonnement zurück. Die späten Nachmittagsstunden vereinigte die Kompanien wieder auf den Kompanie-Exerzierplätzen und für Unterrichtsstunden musste in den Kantonnements noch Zeit gefunden werden. Hierzu kamen für mich noch die Geschäfte als Wirtschaftsoffizier, welche damals viel Schreiberei erforderten, so das mir keine Minute Zeit zur Erholung übrig blieb, mir dann auch jene Zeit überhaupt noch jetzt als eine der unangenehmsten im Gedächtnis geblieben ist, die ich durchlebt habe. Dies Unannehmlichkeiten vermehrten sich aber noch, als unser Divisionär, Generalleutnant von Lecoq, zur Inspektion bei uns eintraf. Er war von älterer Zeit her mit unserem Regimentskommandanten, Oberst von Mellentin, verfeindet und es schien, als wenn jetzt das Regiment entgelten sollte, was dessen Oberst vielleicht in früherer Zeit verschuldet hatte. Keine der Leistungen des Regiments fand Anerkennung und der General Lecoq erklärte, dass das Regiment oder vielmehr dessen Offizierskorps umgestaltet werden müsse, indem ihm neue Kompaniechefs aus andern Regimentern zugeteilt würden. Dreizehn Offiziere des Regiments erhielten Handschreiben vom General Lecoq, in denen sie aufgefordert wurden, ihre Entlassung zu nehmen, was denn auch mehrere taten, andere aber durch Bitten und Versprechen von sich abzuwenden wussten. Der Einschub fremder Kompaniekommandanten, wozu Lecoq schon von seinen Lieblingen ausgewählt hatte, die er gern befördern wollte und von denen, wie man sagte, auch schon die Regimentsuniform angeschafft worden war, scheiterte indes an der Festigkeit des Obersten Mellentin, welcher erklärte lieber selbst abgehen als den gedrohten Einschub dulden zu wollen und an dem Rechtssinn des Königs, der sich weigerte, auf Lecoq's Vorschläge einzugehen.

Auch ich blieb in jener Periode von dem Unmute Lecoq's nicht unberührt, denn als eines Tages nach dem Exerzieren das Bataillon vor dem General in Parade defiliert hatte, ließ er mich rufen und sagte mir im Beisein aller Stabsoffiziere der Brigade, dass ich während des Salutierens ihn nicht angesehen hätte, da ich keine Achtung für ihn hätte, hätte er auch keine für mich und deshalb würde er mich beim Avancement zum Premierleutnant übergehen, wozu ich als ältester Sousleutnant eben in Vortrag gebracht werden sollte. Obgleich meiner Unschuld mit bewusst, war ich nichts desto weniger niedergeschmettert und hätte ich gewusst was angefangen, ich wäre sogleich um meinen Abschied eingekommen und war auch wirklich in Begriff in diesem Sinne an meinen Vater zu schreiben. Indes beruhigten mich mein Bataillonskommandant sowohl als auch der Oberst Mellentin und die Folge zeigte, dass die Drohung nicht in Erfüllung ging. Aber ich glaube doch noch später die Wirkung davon gefühlt zu haben, denn als nach dem Gefecht von Kalisch im Jahre 1813, wo das Grenadierbataillon Liebenau sich auszeichnete, die Kompaniekommandanten desselben, davon einer ich war, zum Heinrichsorden vorgeschlagen wurden, strich Lecoq meinen Namen von der Liste und setzte dafür den eines anderen Offiziers der Kompanie, Kaiser, der aber zufällig bei dem Gefechte garnicht gegenwärtig gewesen war, jedoch richtig den Orden erhielt.

Aus diesem unglücklichen Kantonnement kehrten wir auf kurze Zeit in unsere Garnison Wittenberg zurück, denn schon im Herbst wurde die Armee wegen des bevorstehenden Feldzuges nach Russland zusammengezogen. Noch hatte der König die Armee in ihrer neuen Organisation nicht gesehen, daher denn der größte Teil derselben in der Gegend von Mühlberg versammelt wurde, um vor ihm die Revue zu passieren. Die vier Grenadierbataillone wurden dabei in eine Brigade unter dem General Nostitz vereinigt und es gewährte einen imposanten Anblick, diese Bataillone mit ihren roten Federstützen mit einem Blick zu übersehen, besonders als die Brigade in einer einzigen Kolonne vor Anfang der Revue aufgestellt war. Zuerst manövrierte die Infanterie und nachdem dieselbe im Paradeschritt vor dem König defiliert hatte, begann das Manöver der Kavallerie. Um dieses mit anzusehen hatte ich mir von Fritz Rockenthien, der als Leutnant bei Zastrow Kürassier angestellt war, einen Klepper geliehen, auf dem ich mich aber, des Reitens gänzlich ungewohnt, nicht recht sicher fühlte. Während des Manövers, als ich gerade vor der Front hielt, bemerkte ich, dass die erste Linie der Reiterei sich zum Choc vorbereitete und vorwärts bewegte. Ich wandte meinen wenig folgsamen Gaul, um einen Flügel zu erreichen und den Choc aus dem Wege zu kommen, aber ehe noch mir dies gelungen war, brauste die Linie immer näher und näher an mich heran und in Todesangst hing ich auf meinem Klepper, dem Augenblick entgegensehend, wo ich in den Choc verwickelt, über den Haufen geritten wurde. Jedenfalls würde dies auch geschehen sein, wenn nicht glücklicherweise die Linie Halt gemacht hätte, ehe sie mich erreichte und ich so von meiner unsäglichen Angst und drohenden Gefahr befreit worden wäre.

Ich sah hier Rockenthien zum letzten Male. Sein Regiment kam in Russland zur große Armee mit der Brigade Thielmann. Bei Moschaisk verwundet, ist er zuletzt an der Beresina gesehen worden und hat wahrscheinlich dort so wie Tausend andere seinen Tod gefunden.

Bald nach der Mühlberger Revue wurde ich zum Premier-leutnant befördert mit dem Patent vom 14ten August und als solcher bei der 4ten Kompanie des Regiments, Haupt-mann von Dachröden, angestellt. Doch war mein Bleiben bei der Kompanie nicht lange, indem ich zur 1sten Kompa-nie versetzt wurde, deren Hauptmann, v.Selchow, zwar bei der Kompanie gegenwärtig, aber durch Krankheit verhindert war, das Kommando derselben zu führen und auch kurze Zeit darauf gänzlich aus dem Dienst schied. Die Kompanie stand damals in Prietitz bei Elstra, einem Gut des späteren Minister Grafen von Einsiedel, in des-sen Schloss ich mein Quartier erhielt. Von ihm sowohl als von seiner Gemahlin sehr freundlich aufgenommen, war mein Aufenthalt hier, der wohl an vier Wochen dauerte, für mich ein ganz angenehmer.

Wie wenig sich das terroristische System Lecoq's gemil-dert hatte, erfuhren wir um diese Zeit abermals, wo wäh-rend eines Exerzierens des Regiments vor ihm in der Nähe von Kamenz, der Kommandant des 2ten Bataillons, Oberstleutnant v.Bosse, vom Exerzierplatz nach Hause geschickt und veranlasst wurde, sofort seinen Abschied zu nehmen.

Noch vor Eintritt des Winters veränderte das Regiment seine Kantonnements, wobei mich ein ungünstiges Schicksal in ein kleines, abgelegenes Dörfchen, Klein-Dittmannsdorf bei Pulsnitz, warf und mir dieses zum Winteraufenthalt bestimmte. Die einzige disponible Stu-be des Ortes war in der Schenke und diese musste ich mit einem andern Offizier der Kompanie, Leutnant von Gersdorff, teilen. Dieser Gersdorf, aus Kislingswalde bei

Görlitz, war ein sonderbarer Mensch, mit dem ich mich zwar übrigens ganz gut vertrug, dessen Wesen jedoch in keiner Weise zu dem meinigen passte. Mit Talenten begabt, besonders für Musik, lebte er nur für Kunst und Poesie und äußerte oft mit Bedauern, dass der Himmel ihn nicht zu einem Mädchen geschaffen habe, deren friedliche, von allen Rohen entfernte Existenz er beneidete. Der tiefe Schnee dieses Winters, der uns fast ganz von der Aussenwelt abschnitt erlaubte nicht, unsere Zerstreuungen häufig außer unserm Dorfe zu suchen und wir waren daher fast gänzlich auf uns selbst beschränkt. Der Dienst beschäftigte uns nicht sehr und so wurde die Zeit uns zuweilen etwas lang. Gersdorff schrieb Gedichte, die er sammelte, in ein Taschenbuch mit großer Zierlichkeit ab, ich blies Flöte, wozu mir Gersdorff einige kleine Musikstücke komponierte und in Noten setzte und so suchten wir uns die Zeit zu verkürzen so gut es ging. Die langen Abende quälten uns indes doch oft und ich griff dann zuweilen zu den Amüsements, die unser Dörfchen uns darbot, d.h. ich besuchte in Ermangelung anderer Gesellschaft die Spinnstuben, wo die Schönen des Ortes sich zu versammeln pflegten. Einige Tage des langweiligen Winters brachte ich in Dresden zu, wohin ich mir Urlaub genommen hatte, um meine Mutter zu besuchen und wo ich dann mich für die Entbehrungen in Dittmannsdorf entschädigte. Bei dieser Gelegenheit sah ich auch meine unglückliche Schwester Mathilde zum letzten mal, da sie hiernach bald darauf starb. Zu ihrem taubstummen Zustand hatte sich noch eine große körperliche Schwäche gesellt, so das sie nicht zu gehen vermochte und so saß sie dann in ihrer Stube, ein Bild des Jammers, aber glücklicherweise ihren Zustand nicht fühlend.

Noch einmal veränderte das Regiment seine Kantonnements, wobei ich nach Wallrode bei Radeberg zu liegen kam, indes dauerte hier mein Aufenthalt nicht lange, denn Mitte Februar traten wir den Marsch nach Guben an, wo das Korps sich konzentrierte, um von da aus nach Russland zu ziehen. Zuvörderst kam ich mit der Kompanie nach Pförten zu liegen, blieb jedoch nicht lange hier, indem das Regiment andere Kantonnements in und bei Guben bezog.

Quellen

Haupstaatsarchiv Dresden

Bestand 12 731 Personennachlass Friedrich Maximilian von Mandelsloh (1790 - 1871) Nr. 1 und Nr. 2

Stamm- und Ranglisten der Chur-Sächsischen Armee für das Jahr 1804 / 1805 / 1806 – Dresden 1804 / 1805 / 1806

Stamm- und Ranglisten der Königl. Sächsischen Armee auf das Jahr 1807 / 1808 / 1809 / 1810 / 1811 – Dresden 1807 / 1808 / 1809 / 1810 / 1811

Ein Namenverzeichnis der im Text genannten sächsischen Offiziere befindet sich im Anhang von Band II.

Bei BOD sind in dieser Reihe an Berichten und Tagebüchern bisher erschienen:

No. 2 Die Berichte der sächsischen Truppen aus dem Feldzug 1806 (I) – Brigade Bevilaqua

No. 3 Die Berichte der sächsischen Truppen aus dem Feldzug 1806 (II) – Brigade Burgsdorff

No. 4 Die Berichte der sächsischen Truppen aus dem Feldzug 1806 (III) – Brigade Dyherrn

No.21 Das Tagebuch von Ernst Ferdinand Aster 1812

No.22 Das Tagebuch von Friedrich Ernst Aster 1812

No.26 Friedrich Vollborn – Erlebtes (III) vom 28.03.1813 bis mit 15.03.1814

No.34 Friedrich Vollborn – Erlebtes (IV) vom 16.03.1814 bis mit 02.01.1816

No.35 Die Berichte der sächsischen Truppen aus dem Feldzug 1806 (IV) - Brigade Cerrini

No.37 Johann Carl v.Dallwitz (18.02.1812-10.09.1815) und Adolf George v.Göphardt (14.05.-22.09.1813)

No.40 Friedrich Vollborn – Erlebtes (I+II) vom 16.04.1808 bis mit 27.03.1813

No.41 Friedrich Gottlieb Probsthayn – Das Tagebuch vom 14.05.1813 bis 29.09.1814

No.43 August Friedrich Wilhelm von Leysser – Die Erinnerungen des Kommandeurs der Garde du Corps 1812

No.45 Carl Friedrich Ferdinand Böhme: Tagebuch 2te Periode (I) vom 21.06.1812 bis mit 09.11.1812

No.46 Carl Friedrich Ferdinand Böhme: Tagebuch 2te Periode (II) vom 10.11.1812 bis mit 11.05.1813

No.50 Tagebücher aus dem Feldzug 1809 (I): Die Infanterie-Brigade von Lecoq